GLÜCK

Die wertvollsten Tipps zum
Glücklich sein und
Glücklich werden.
In 4 Schritten zu mehr
Zufriedenheit, Fröhlichkeit
und Gelassenheit.
I am happy.

-Natalie Herrlich-

© Natalie Herrlich, 1. Auflage 2024
Alle Rechte vorbehalten. Nachdruck, auch auszugsweise, verboten. Kein
Teil dieses Werkes darf ohne schriftlich Genehmigung des Autors in
irgendeiner Form reproduziert, vervielfältigt oder verbreitet werden.
Kontakt: Piok & Dobslaw GbR, Alte Str. 3, 56072 Koblenz
onlybooks@gmx.de
Covergestaltung: Fiverr.com
Coverfoto: Depositphotos.com
Fotos im Buch: Lizenzen gekauft bei Depositphotos.com
Druck und Distribution im Auftrag :
tredition GmbH, Heinz-Beusen-Stieg 5, 22926 Ahrensburg, Germany
ISBN Taschenbuch: 978-3-384-13330-4
ISBN Hardcover: 978-3-384-13331-1
ISBN Ebook: 978-3-384-13332-8

Inhaltsverzeichnis

Was bedeutet Glück?

„Das Geheimnis des Glücks liegt nicht im Besitz, sondern im Geben. Wer andere glücklich macht, wird glücklich" (Andre Gide).

Glück ist ein sehr individueller, subtiler Begriff. Jeder Mensch definiert Glück für sich anders. Für den Einen ist Glück das dicke Bankkonto, für den Anderen die guten sozialen Beziehungen. Viele Frauen definieren Glück mit Kleidung, Schmuck oder der guten Figur, andere mit ihren wohlgeratenen Kindern.

Stellen Sie sich einmal folgendes vor: ein bereits lange Jahre verheiratetes Ehepaar, irgendwo in der sibirischen Steppe. Sie leben in einfachsten Verhältnissen, verfügen über keine Stromquelle und müssen das Wasser mühsam aus dem Brunnen im Garten schöpfen. Doch sie leben gerne auf diesem Stück Land. Sie kennen nichts anderes und sie wollen auch nichts anderes.

Dagegen stellen wir nun die erfolgreiche Geschäftsfrau. Sie lebt in einem Penthouse irgendwo in New York City. Sie hat jeden Luxus, den man sich nur vorstellen kann. 3 Sportwagen in der Garage, Golfplatz und Pool auf dem großen Gelände.

Wenn Sie diese Personen nun danach fragen, ob sie glücklich sind mit dem Leben dass sie führen, was würden sie wohl zur Antwort kriegen? Vermutlich würden alle sagen, dass sie glücklich sind. Jeder auf seine eigene, individuelle Art. Die Frage danach „was ist Glück" kann also so pauschal nicht beantwortet werden, da der Glücksfaktor sehr von den individuellen Wünschen, Vorlieben, Zielen... geprägt ist.

Die Suche nach dem Glück beschäftigt die Menschheit schon von Anbeginn der Zeitrechnung. Viele Gelehrte haben sich daran ihr ganzes Leben lang festgebissen, doch eine allgemein gültige Formel ist dabei nicht herausgekommen. Philosophen, Biologen, Mediziner, Theologen-sie alle kamen dem ultimativen Glück nicht auf die Spur.

Was sich jedoch gezeigt hat ist, dass jeder Mensch gleichermaßen bestrebt ist, den Zustand des Glücklichseins so lange und intensiv zu spüren, wie nur irgend möglich. Schaut man in die einschlägigen Nachschlagewerke, so wird hier Glück als „besonders günstiger Zufall" oder auch „erfreuliche Fügung des Schicksals" beschrieben. Um Glück zu haben oder zu bekommen müssen wir also nur zur rechten Zeit am rechten Platz sein, so einfach soll es gehen? Jedoch legt diese Definition auch nahe, dass Glück sich nicht von uns beeinflussen lässt. Entweder es ist uns hold, oder eben nicht.

Aber wie sieht es dann mit dem Glücklichsein aus? Gibt man den zahlreichen Sprichwörtern und Zitaten recht, so sind wir „unseres Glückes Schmied" und „müssen das Glück erobern", also etwas dafür tun. Folglich müssen wir nur hart genug daran arbeiten, um dann schließlich glücklich zu sein.

Eine recht junge Wissenschaft ist hier die Glücksforschung. Es wurden bereits zahlreiche unterschiedliche Ansätze erforscht und veröffentlicht, in welchen sich die Gelehrten Gedanken zu dem Thema Glück gemacht haben.

Was macht denn nun glücklich?

Hier könnte stehen: das liegt im Auge des Betrachters. Damit wäre dann dieser Artikel beendet, da mit diesem Satz alles gesagt wäre. Doch wir wollen ja dem Glück auf die Spur kommen, ihm einen Namen geben. Wir wollen es begreifen und definieren. Vielleicht können wir es ja dann in unserem Leben halten. Ein Zustand, der von allen Menschen rund um den Globus angestrebt wird.

Die Glücksforschung definierte sogenannte „Glücksfaktoren", welche für das individuelle Empfinden von Glück von zentraler Bedeutung sind. Diese Faktoren sind unter anderem die Gesundheit, die sozialen Beziehungen und Verflechtungen, welche jeder Mensch hat, die Freiheit der persönlichen Entfaltung, eine befriedigende Art sein Geld zu verdienen und einen Sinn im Leben zu finden.

Dies sind jedoch nur die Faktoren, welche uns von den Wissenschaftlern genannt wurden, der Einzelne wird sicher noch andere Faktoren für sein persönliches Glück nennen können. Wichtig zu erwähnen sei hier nur, dass die sozialen Bindungen und Beziehungen als zentraler Bestandteil für unser Glück zählen. Aktivitäten mit der Familie, Treffen mit Freunden oder auch nur ein nettes Wort am Gartenzaun. Soziale Beziehungen tragen einen großen Teil zu unserem Wohlbefinden bei, das wissen Sie sicherlich auch. Da kann das neue Auto oder der große, neue LCD Fernseher nicht mithalten. Generell, so rät man uns, sollten wir uns öfter solche schönen Momente mit lieben Menschen gönnen, anstatt das Geld in teure, oft sinnlose materielle Dinge zu stecken.

Die Glücksforschung geht mittlerweile von zwei unterschiedlichen Arten des Glücks aus. Das ist zum einen das Lebensglück, zum anderen das Zufallsglück.

Das Lebensglück wird hauptsächlich von Dingen wie Familie, Beruf, Finanzen, Liebe, Kinder, Freunde und von der Freizeitgestaltung beeinflusst. Diese Faktoren können wir teils selbst bestimmen oder verändern, teils sind sie von der Umwelt abhängig. Lebensglück hängt aber auch stark mit Emotionen zusammen. Ein glückliches Gefühl kann uns demnach auch das sichere, schöne Zuhause vermitteln oder das sorgenfreie, zufriedene Leben mit der Familie und dem Freundeskreis.

Jedoch wird das Lebensglück aus persönlichkeitspsychologischer Sicht auch als harmonisches Zusammenwirken sämtlicher Gefühle einer Person beschrieben. Bei sich verändernden Lebensumständen, z.B. Jobwechsel, Familiengründung oder Trennungen soll das individuelle Lebensglück demnach unverändert bestehen bleiben. Hier wird Lebensglück mit persönlichen Eigenschaften verknüpft.

Das Zufallsglück ist, wie es der Name schon ausdrückt, vom Zufall bestimmt. Vergleichen können Sie es mit Lotto spielen. Entweder Fortuna ist Ihnen wohlgesonnen oder eben nicht. Das ist das Zufallsglück.

Glück in Bezug auf Emotionen

Was meinen wir eigentlich, wenn wir von „Glücklichsein" reden? Haben Sie sich das schon einmal überlegt? Sagen wir, dass wir glücklich sind, dann beschreiben wir damit meist ein Gefühl. Wir sagen, dass wir glücklich sind, wenn wir uns freuen, lachen, fröhlich sind. Doch ist es das schon, was Glücklichsein ausmacht? Die Schlussfolgerung hieraus könnte dann sein, dass wir einfach immerzu nur gute Laune zu haben brauchen und dann sind wir auch automatisch glücklich. Das müsste doch zu schaffen sein, sagen Sie nun bestimmt. Aber es ist ja meist nie der einfache Weg, der dann letztlich zum Ziel führt, nicht wahr?

Erstaunlich sind hier die Ergebnisse eines Gedanken-experiments von Robert Nozick, US-amerikanischer Philosoph. Er befragte Menschen, ob sie bereit seien, sich an eine Maschine oder Apparatur anschließen zu lassen, welche ihnen ständig gute Gefühle und wünschenswerte, positive Zustände vermitteln würde. Es wären keine nennenswerten Unter-schiede zwischen Fiktion und Realität auszumachen und doch lehnten mehr als die Hälfte dieses verlockende Angebot ab. Die befragten Menschen wollten lieber das reale Leben, mit allem Für und Wider erleben, als eine vorgetäuschte, heile Welt. Somit ergibt sich hieraus, dass zum wahren Glücklichsein eben doch mehr gehört, als nur gute Laune und Fröhlichkeit.

Glück als individuelle Einschätzung der Lebenszufriedenheit

Das unsere Gedanken ein mächtiges Werkzeug sind, das ist sicher vielen von Ihnen bekannt. Doch können uns unsere Gedanken auch Glück schenken oder vermitteln? Ist derjenige wahrhaftig glücklich, der sich für glücklich hält? Wir Menschen können uns auch glücklich fühlen, wenn wir derzeit in einer eher nicht so glücklichen Zeit sind.

Ein Beispiel: ein Querschnittgelähmter, der dieses Schicksal akzeptiert und angenommen hat, kann sich durchaus glücklich fühlen, auch wenn die Bedingungen seines Lebens nicht optimal sind. Darf man ihn aber als glücklich bezeichnen? Oder fehlt ihm noch etwas zum Glücklichsein? Vielleicht benötigt er noch etwas zum Erreichen seines eignen Glücks. Das hat wieder Gelehrte auf den Plan gerufen, welche die Annahme geäußert haben, dass es wohl noch eine weitere Ebene oder Definition von Glück gibt.

Glück im täglichen, gelingenden Leben

Hiermit wird kein Gefühl oder emotionaler Zustand beschrieben, sondern vielmehr bestimmte Kriterien, welche vorhanden sein müssen, um ein glückliches, funktionierendes Leben zu führen.

Nach dieser These gibt es bestimmte allgemeingültige Ansprüche, welche erfüllt sein müssen, um sich wohl zu fühlen und ein zufriedenes Leben führen zu können. Dabei kommt es immer darauf an, welchen Stellenwert diese Ansprüche in unserem Leben einnehmen. Ohne diese Ansprüche jedoch ist kein gelingendes Leben möglich. Zu diesen Ansprüchen gehören etwa Entwicklung und Auslebung der persönlichen Stärken und zufriedenstellende soziale Beziehungen. Nicht einig sind sich die Gelehrten nur darüber, welche Ansprüche wirklich allgemeingültig sind und welche eher nicht.

Diese Ansprüche und Bedürfnisse können, je nach kulturellen, sozialen oder sonstigen Werten, jedoch variabel sein.

Die Definition von Glück in den unterschiedlichen Fachbereichen

Glück wird nicht nur von jedem Menschen unterschiedlich definiert, sondern auch von den unterschiedlichen wissenschaftlichen Fachbereichen differenziert gesehen und gewertet.

- *Medizin:* hier wird der Begriff „Glück" von den Neurobiologen recht praktisch definiert. Sie bezeichnen den Glücksbegriff als Streben nach Serotonin. Serotonin ist ein im Darm und Nervensystem vorkommender, hormonähnlicher Stoff, welcher einen euphorischen, tranceartigen Zustand hervorrufen kann, er zählt zu den Neurotransmittern.
- *Psychologie:* Sie denken nun bestimmt, dass der Begriff „Glück" in der Psychologie einen sehr hohen Stellenwert hat, nicht? Das dachte ich auch immer, doch dem ist bei Weitem nicht so. Psychologen beschreiben „Glück" als Zustand völliger, totaler Harmonie. Verursacht wird er durch die Erfüllung bestimmter Erwartungen oder durch die Befriedigung spezieller Bedürfnisse. Mehr Beachtung erfährt von den Psychologen die Ergründung der Umstände, welche uns unglücklich machen.
- *Philosophie:* hier findet sich keine wirkliche Antwort auf den Glücksbegriff. Die Philosophen machen Glück unabhängig von materiellen Werten und Gütern, aus ihrer

Sicht ist Glück nur ein Wert der Persönlichkeit.

- *Sprachwissenschaft:* das Wort „Glück" wird bereits ab dem 12. Jahrhundert im deutschen Sprachgebrauch benutzt. Damals hieß es noch „Gelucke" oder auch „Gelücke" und leitete sich vom Wort „Gelingen" ab. Glück wurde früher also als Gelingen oder Erreichen betrachtet.
- *Theologie:* Geber des Glücks ist nach dem Alten Testament einzig und alleine Gott. Glück erfährt im religiösen Zusammenhang keine besondere Bedeutung. Eher wird es von Theologen als spirituelle Ebene gesehen, welche nur durch Gott an den Glaubenden erfahren wird.
- *Pädagogik:* Glück als Unterrichtsfach in der Schule? Undenkbar! Meinen Sie…. In einigen Schulen ist das Fach „Glück" längst Bestandteil des Unterrichtsplans. Dabei ist der Inhalt des Faches „Glück" sehr vielfältig. Es wird sowohl Körpererfahrung durch verschiedene Techniken, Identitätsfindung, Stress- und Zeitmanagement, soziale Verantwortung(Hilfsbereitschaft) und Ernährung gelehrt. Schüler, welche in diesem Fach, unterrichtet werden haben überdurchschnittlich bessere Noten und eine höhere Sozialkompetenz als Mitschüler, welche dieses Fach nicht belegten.
- *Volkswirtschaft:* denkt man an die Volkswirtschaft, so denkt man automatisch an Geld, Wachstum, Status. Ein bekannter Ökonom hat jedoch unlängst ein Buch (Mathias Binswanger „Die Tretmühlen des Glücks"-Herder Verlag) herausgebracht, in welchem er von Tretmühlen berichtet, welche uns am Erreichen des Glücklichseins hindern.

Was macht uns Menschen glücklich?

„Glück im Herzen und im Haus macht reicher als der beste Schmaus" *(deutsches Sprichwort).*

Fragt man verschiedene Menschen, welche man willkürlich auf der Straße anspricht: „Was ist für Sie Glück?", so erhält man allerhand Antworten. Für viele ist es das schöne, neue Haus, für andere ist es der erfüllende Job, für wieder andere ist es das Liebesglück. Hier nun die meist genannten Antworten auf die Frage „Was ist für Sie Glück?"

- Arbeit: die Anforderungen im Job steigen kontinuierlich. Leistungsfähigkeit, Flexibilität und steigende Anforderungen sind die Dinge, die uns tagtäglich im Job begegnen. Manch einer kann diesen steigenden Belastungen jedoch nicht standhalten und diese definieren das persönliche Glück dann folglich nicht über den Job. Dazu kann ich eine kleine Geschichte aus meinem Bekanntenkreis erzählen: eine junge Frau, namens Luisa, gerade mitten in der Ausbildung zur Groß- und Außenhandelskauffrau. Eine zielstrebige, erfolgsorientierte junge Frau, welche sich vorgenommen hatte, die Karriereleiter zu erklimmen. In Gesprächen mit Luisa kam immer wieder heraus, dass sie unbedingt weiter kommen möchte in ihrem Job. Gerne nutzte sie sämtliche ihr gebotenen Weiterbildungsmöglichkeiten und Seminare, um an ihrem Plan von der großen Karriere festzuhalten. Sie zeigte sehr viel Engagement, wurde auch von Kollegen und dem Chef für ihren Einsatz und Fleiß sehr gelobt. Kurz vor ihrer Abschlussprüfung hatte sie dann einen furchtbaren Unfall mit ihrem Auto auf dem Weg zur Arbeit. Sie wurde im Wagen eingeklemmt und war sehr schlimm verletzt. Es folgten viele Operationen, Luisa war fast 6 Monate stationär in einem Krankenhaus, danach ging es noch für 12 Wochen in eine Reha Einrichtung. Sie musste sogar das Gehen neu erlernen. Heute ist Luisa Frührentnerin, hat nicht einmal ihren Abschluss als Kauffrau absolviert. Sie arbeitet ehrenamtlich ein paar Stunden in der Woche bei einem örtlichen Tierheim und, was soll ich sagen? Sie ist glücklich, mit dem was sie tut. Als ich sie einmal fragte, ob sie denn nicht der verpassten Karriere hinterher trauert, sagte sie zu mir: „Weißt du, dieser Unfall, der hat mir die Augen geöffnet, was wirklich wichtig ist im Leben. Es macht nicht glücklich, besonders viel zu verdienen oder die Karriereleiter möglichst schnell hoch zu klettern. Mich macht glücklich in die Augen dieser ungeliebten, abgeschobenen Tiere zu blicken und die Dankbarkeit darin zu erkennen. Das ist mein Lebensinhalt geworden. Meiner verpassten Karriere weine ich keine Träne nach."

Was ich Ihnen damit sagen will ist, dass sich Dinge im Laufe eines Lebens auch ändern können. Dinge, welche uns vermeintlich glücklich machen, können abgelöst werden und es ist kein Weltuntergang für uns. Wir Menschen sind unglaublich anpassungsfähig. Mit neuen, sich ändernden Situationen kommen wir besser zurecht, als wir das denken. Meine Bekannte ist das beste Beispiel dafür!

Also, wenn der berufliche Erfolg Ihr Schlüssel zum Glück ist und es läuft einfach nicht so, wie Sie es sich vorstellen, dann verzweifeln Sie nicht, es gibt immer noch eine andere Möglichkeit, Glück zu empfinden, einen Plan B. Man muss ihn nur suchen.

- Finanzen bzw. Geld: viele Menschen glauben, wenn sie ein besonders dick gefülltes Bankkonto haben, dann wären sie glücklich. Mit jedem dazu kommenden Euro steige demnach ihr Glücklichsein. Ohne Zweifel lebt der, der seine Miete pünktlich zahlen kann, den Kühlschrank jede Woche erneut vollmachen kann und sich teure Urlaube leisten kann, sorgenfreier, als einer, der bereits zur Monatsmitte nicht mehr weiß, von welchem Geld er seinen Kühlschrank füllen kann. Erinnern wir uns aber einmal an die weltweite Bankenkrise, welche ihren Beginn im August 2007 nahm. Wie viele Amerikaner haben dabei ihr gesamtes Vermögen, ihre Häuser, Autos, etc. verloren? Natürlich waren diese Menschen nicht glücklich darüber, ihr Hab und Gut verloren zu haben. Doch diese Menschen haben sich nicht unterkriegen lassen und haben ihr Leben in die Hände genommen und eben noch einmal „von Null" gestartet. Sein persönliches Glück in materieller Hinsicht zu finden, das hat einen leicht oberflächlichen Beigeschmack und oftmals befriedigt Geld eben nicht unsere sozialen Bedürfnisse, welche man eben mit Geld nicht kaufen kann. Deshalb, liebe Leser, definieren Sie ihr persönliches Glück nicht durch materielle Dinge. Diese sind vergänglich, können sich, ruck zuck, in Luft auflösen und je höher der Stellenwert, den Sie ihrem Reichtum zumessen, desto tiefer wird dann ihr Fall sein. „Geld allein macht nicht glücklich, es beruhigt nur die Nerven", ein durchaus wahrer Ausspruch. Lassen Sie ihn auf sich wirken!

- Persönliche Freiheit: dies ist wohl eines der wichtigsten Dinge, welche uns mit einem tiefen Gefühl des Glücks erfüllen können. Oftmals kommt in unserer leistungs-orientierten, schnelllebigen Welt die persönliche Freiheit viel zu kurz und viele Menschen haben verlernt, auf dieses Bedürfnis zu hören. Sie lassen sich von der Gesellschaft und den Werten, die für sie gelten, zu sehr verleiten und kommen so von ihrem individuellen Weg der persönlichen Freiheit ab. Liebe Leser, ich habe mich sehr viel mit Themen rund um das menschliche Wohlbefinden und die Faktoren für Glück beschäftigt und deshalb kann ich Ihnen sagen, dass nur Sie alleine es in der Hand haben, dass Sie glücklich werden. Das glauben Sie nicht? Es ist aber so! Sie sind die Hauptperson ihres eigenen Lebensfilms! Sie ganz alleine entscheiden, wo Ihre persönliche Reise des Lebens hinführt. Wenn Sie sich dazu entschließen, eben mit fünfzig nochmal einen neuen Beruf zu erlernen, da der „Alte" ihnen einfach nichts mehr zu bieten hat, dann tun Sie das! Lassen Sie sich nichts einreden und hören Sie auf ihr inneres Gefühl, meist weiß es ganz genau, was das Richtige für uns ist. Nur haben wir gestressten Menschen verlernt, auf diese Dinge (Bauchgefühl, innere Stimme etc.) zu hören und das begrenzt, schränkt uns ein und lässt uns nicht das Leben führen, das wir gerne führen würden.

Dazu erzähle ich Ihnen noch eine Geschichte, meine Geschichte.

Ich war bereits 45 Jahre alt, als ich meinen Mann kennenlernte. Er ist neun Jahre älter als ich. Leider war es zu spät für Kinder, auch wenn ich gerne welche gehabt hätte. Aber wir haben zwei Hunde und zwei Pferde, was unsere kleine Familie komplett macht. Unser Traum und sehnlichster Wunsch war ein kleiner Bauernhof. Nach fast zwei Jahren der Suche fanden wir unseren „Place to be". Das Haus war in keinem guten Zustand, doch das schreckte uns nicht ab. Mit viel Energie und Enthusiasmus gingen wir ans Werk und renovierten was das Zeug hielt, wir erschufen unser Heim.

Es fühlte sich toll an. Wir waren sehr glücklich hier! Wir sahen uns bereits als Rentner, Hand in Hand, in unserem Garten in der Sonne sitzen, welch schöne Zukunftsaussichten! Doch dann schlug das Schicksal unbarmherzig zu. Meine geliebte Mutter verstarb mit nur 67 Jahren plötzlich und unerwartet. Der Boden schien sich unter meinen Füßen zu öffnen und drohte, mich zu verschlucken. Diese Tragödie stürzte mich in eine tiefe Traurigkeit und Depression. Nur mit Medikamenten und therapeutischer Hilfe schaffte ich den Tod meiner Mutter zu verarbeiten. Über sechs Monate war ich arbeitsunfähig, hatte in dieser Zeit regelmäßige psychotherapeutische Sitzungen. Mit jedem Tag wurde es etwas leichter. Das und die Therapie haben mir in dieser schweren Zeit sehr geholfen. Ich fing an mein Leben zu reflektieren. Es musste sich etwas ändern. Was machte mich unglücklich? Dieser Frage widmete ich viel Zeit und musste leider feststellen, dass mir mein Job schon lange keinen Spaß mehr machte. Aber was wollte ich? Was machte mich glücklich? Ich informierte mich über eine Ausbildung zur Reittherapeutin, mein Traumberuf seit Kindheitstagen welcher in Vergessenheit geraten schien. Aber wollte ich diese Veränderung? Ja!

Auch wenn das finanzielle Einschränkungen bedeutete, entschied ich mich für diesen Weg. Ich kündigte meinen Job und fing ein neues und spannendes Kapitel an. Heute arbeite ich mit autistischen Kindern. Eine wundervolle Aufgabe. Rückblickend hätte ich einige Entscheidungen intuitiver treffen sollen.

So schlimm es war meine Mutter zu verlieren, aber es hat mir geholfen meinem Leben eine neue Richtung zu geben.

Was ich Ihnen damit sagen will, liebe Leser: wenn Sie spüren, dass Sie mit Ihrem Leben, so wie es jetzt läuft, nicht zufrieden sind, dann ändern Sie es! Tun Sie dies, so lange Sie noch die Möglichkeit dazu haben. Hören Sie in sich hinein, ergründen Sie, was Sie unglücklich macht, was Sie einengt und begrenzt. Wenn Sie es ausfindig gemacht haben, dann machen Sie sich daran und ändern diesen Umstand. Gehen Sie es aber unverzüglich an, denn wenn der Moment verpasst ist, dann stellt er sich meist nicht mehr ein. Meine Zeit in der Psychotherapie hat mich gelehrt, wieder mehr auf mich und meine Bedürfnisse, Wünsche und Ziele, auf meine innere Stimme zu hören und ihr Raum zu geben.

Liebe Leser, lassen Sie sich bitte nicht in ein Leben drängen, was Sie nicht erfüllt. Doch wenn Sie etwas in ihrem Leben stört, dann finden Sie heraus, was es ist und dann entfernen Sie es! Egal, was ihre Familie, ihre Freunde oder Kollegen sagen, es ist **Ihr Leben** und ganz alleine Sie bestimmen, wie es laufen wird.

20. März-der Weltglückstag

Ja, liebe Leser, das Glück ist es den Vereinten Nationen wert, einen eigenen Tag danach zu benennen. Dieser spezielle Tag soll den Menschen vor Augen führen, dass zum Glücklichsein deutlich mehr gehört, als Umsatz und Wirtschaftswachstum. Doch was ist Glück? Ich kann Ihnen sagen, was ich persönlich für Glück halte. Vergleichen Sie meine Aussagen gerne mit Ihrer Definition von Glück und schauen Sie, ob wir vielleicht übereinstimmen.

Glück ist für mich: jeden Morgen aufstehen zu können ohne Schmerzen zu verspüren, einen verständnisvollen Mann zu haben, 2 tolle Pferde im Stall stehen zu haben, 2 Hunde, welche Kinderersatz sind, die Tochter meiner Mutter zu sein, Sonnenschein, die ersten Blumen welche im Frühjahr aus der Erde kommen, liebe Freunde zu haben, meinen Lieblingssong zu hören…. die Liste könnte ich unendlich fortführen.

Natürlich würde ich auch von „Glück gehabt" reden, wenn ich etwa im Lotto gewinnen würde. Da diese Wahrscheinlichkeit jedoch sehr gering ist, habe ich es hier nicht aufgeführt.

„O, frag´ mich nicht, was ist denn Glück?
Sieh´ vorwärts nicht, noch seh´ zurück!
O, such´ es nicht in weiter Ferne,
auf diesem oder jenem Sterne;
O, such´s nicht dort und such´s nicht hier!
Das Glück wohnt nur in dir!" *(deutsches*
Sprichwort)

Dieses kleine, deutsche Gedicht sagt eigentlich alles aus, was ich Ihnen in diesem Abschnitt mitteilen möchte. Es bringt es gekonnt auf den Punkt: nur Sie entscheiden über Ihr Glück und Unglück!

Hygge!

Glück ist nicht nur Macht, Besitz und materielle Zufriedenheit, Glück ist auch eine Lebenseinstellung. Dies zeigt sich deutlich an „Hygge", dem Zufriedenheitskonzept der Skandinavier. Dies lässt sich am besten damit erklären, dass die Skandinavier alles mit einer speziellen Gemütlichkeit oder Geborgenheit angehen. Sie besitzen die Fähigkeit, Genuss zu erleben, im Hier und Jetzt zu leben und für alles dankbar zu sein.

Der Blick auf die Ergebnisse des alljährlichen Weltglücks-Reports offenbaren es dann auch in Zahlen: die skandinavischen Länder lassen uns Deutschen ganz schön blass aussehen! Belegen diese Länder doch alle vorderen Plätze und Deutschland nur den 15. Rang (laut Umfrage Glücks-Report 2018), bei einer starken Wirtschaft und gemäßigtem Klima. Was ist es aber, dass die Skandinavier um so viel glücklicher macht als uns? Die Antworten auf diese Frage sind so vielschichtig, wie die Suche nach dem Glück selbst. Es wird vermutet, dass hier mehrere Faktoren (Regierung, Lebenseinstellung und Natur/Naturphänomenen) eine Rolle spielen und die Nordmänner um so viel glücklicher machen als uns Deutsche etwa. Sehr beachtlich ist jedoch, dass etwa neun Monate nach der Zeit, in der es in Skandinavien nur Tag ist, überdurchschnittlich viele Geburten gibt. Dies deutet bereits den Zusammenhang aus viel Sonnenschein und Glücklichsein an. Finnen etwa werden in dieser Zeit als besonders euphorisch, überdreht und lebensfroh erlebt. Jedoch kann das nicht der einzige Faktor für´s Glücklichsein sein. Weitere Ergebnisse fanden sich rasch: die einzigartige topographische

Lage dieser Länder, mit ihrer reichhaltigen Fauna und Flora trägt zu einem glücklichen Leben das seinige dazu bei. So ist Finnland zu 80% von Wäldern und Seen bedeckt und erlaubt es selbst den Menschen aus der Hauptstadt Helsinki, dass sie rasch mitten in der Natur sind. Diese reichhaltige Natur ist dann auch dafür zuständig, die Luft sauber und rein zu halten, Smog kann sich nicht bilden und es legen sich auch sonst keine Schadstoffe auf die Lungen. Die Natur liefert also die optimalen Bedingungen, um lange und gesund leben zu können.

Weiterhin beeinflusst die Sauna-Kultur natürlich auch das Wohlbefinden nachhaltig. Schätzungen zufolge gibt es in Finnland rund drei Millionen private Saunen. Hier können die Menschen ihre Körper stärken und abhärten, was sie perfekt an das, manchmal raue, Leben in der skandinavischen Kälte anpasst.

Aber was nutzt die beste Luft der Welt und die ausgedehntesten Wälder, wenn der Mensch vor lauter Sorgen diese Wunder gar nicht annehmen kann? Diese Frage hat sich wohl auch die finnische Regierung gestellt und hat eine spezielle Hilfe und Unterstützung für Arbeitslose beschlossen. Dafür haben sich alle Finnen gerne bereit erklärt, höhere Steuern zu bezahlen und so dann im Ernstfall abgesichert zu sein. Aus einem Armutsreport ging hervor, dass der Anteil von Finnen, welche akut von Armut bedroht sind, rund 16,6% der Bevölkerung ausmachen (Statistik aus dem Jahr 2016). Das war der zweitniedrigste Wert der letzten 10 Jahre. Damit Sie, liebe Leser, einen Eindruck von dieser Zahl bekommen, hier zum

Vergleich die Werte aus Deutschland: in Deutschland ist die Anzahl der Personen, welche von Armut betroffen sind um rund 4% höher, steht also bei 20%! Diesen Wert müssen Sie sich einmal auf der Zunge zergehen lassen: 20% der Bevölkerung **unseres** Landes sind von Armut betroffen! Wahrlich: ein Armutszeugnis für unsere Regierung!

Das ist vielleicht auch schon der nächste Wohlfühlfaktor: die Finnen können ihrer Regierung noch vertrauen, haben ein sehr gutes Bildungswesen und ein vorbildliches Gesundheitssystem, fühlen sich sicher und geborgen in ihrem Land.

Dies alles sind Faktoren, welche das Wohlbefinden definitiv steigern und uns Glück empfinden lassen. Natur, frische Luft, Gemeinschaft und ein gesunder, starker Körper, ist das die Formel für Glück? Was aber ist, wenn ein Mensch, vielleicht wegen einer Krankheit oder dergleichen, diese Schönheit gar nicht mehr wahrnehmen kann? Ist er dann automatisch unglücklich? Kann er dann nie wieder glücklich werden?
Nun, das ist jetzt, zugegebenermaßen, sehr überspitzt von mir formuliert worden. Doch es zeigt auf, welche Rückschlüsse aus dem Gesagten möglich sind. Natürlich möchte ich auch überleiten, zu unserem nächsten Punkt.

Kann man Glück erzeugen?
Erkenntnisse aus der Biochemie

Glück hat viele Gesichter und manchmal können wir sogar aktiv an unserem eigenen Glück arbeiten. Auf manche Dinge wiederrum haben wir keinen Einfluss. So können wir auch nicht steuern, welche Dinge Glück in uns hervorrufen und wie wir Sie erreichen. Das Glücksspiel, ein unerwarteter Geldsegen, fällt in diese Kategorie. Manche unter Ihnen werden nun sagen, das wäre der Gipfel des Glücks. Damit sind Sie in guter Gesellschaft, denn das spiegelt die Mehrheit der Meinungen hierzu wieder. Das Glücksspiel hat eine sehr lange Geschichte, bereits im 14. Jahrhundert zeigten sich erste Vorläufer davon in Italien und den Niederlanden.

In Deutschland beträgt die Zahl der „Tipper" stolze 8 Millionen, bei einer Einwohnerzahl von fast 83 Millionen. Diese Zahlen belegen ganz deutlich, welchen Stellenwert das Materielle bei uns Menschen hat. Aber warum ist das so? Was lässt uns regelrecht ausflippen, wenn wir etwas, einen Geldbetrag oder hohen Sachpreis, gewinnen? Was treibt uns jede Woche von Neuem an, zur Lotto-Annahmestelle zu gehen und Geld zu bezahlen?

Es sind ganz komplexe Vorgänge, welche unser Gehirn da steuern. Ausgehend vom Belohnungszentrum im Gehirn wird das Glückshormon Dopamin bei einem unerwarteten Gewinn, einer guten Nachricht oder einem freudigen Ereignis auf die Reise geschickt. Das Vorderhirn steigert dann die Aufnahmebereitschaft und das Gehirn läuft auf Hochtouren.

Doch auch sportliche Höchstleistungen steigern unser Glücksempfinden erheblich. Verantwortlich hierfür sind die Endorphine. Endorphine sind die körpereigenen Opioid-peptide, welche im Hypothalamus und in der Hypophyse gebildet werden. Diese kleinen Glücklichmacher spornen uns zu immer neuen Höchstleistungen an, denn sie treten nach sportlicher bzw. körperlicher Betätigung auf.

Versuchen Sie es doch deshalb das nächste Mal, wenn Sie schlechte Laune haben oder traurig sind, mit Sex. Er kann uns sofort gute Laune zaubern und schüttet eine Menge Hormone aus. Für die gute Laune ist hier aber eher das Oxytocin zuständig. Dieses bewirkt beim Geburtsvorgang nicht nur, dass die Gebärmutter Wehen auslöst, sondern regt auch die Drüsen in der weiblichen Brust zur Produktion von Milch an.

Gleichzeitig sorgt es noch für eine gesunde Bindung von Mutter und Neugeborenen und ist für soziale Beziehungen aller Art unerlässlich. Es ist prosozial, minimiert Angst und Stress, mindert die Aggression und lässt uns mit anderen mitfühlen.

Sie sehen also, unser Körper kann auch gehörig dazu beitragen, dass wir uns wohlfühlen, glücklich sind. Er hat diverse kleine „Helferlein" in petto und kann uns aus so manch dunkler Zeit helfen.

Eine kleine Exkursion ins menschliche Gehirn-was passiert da, wenn wir glücklich sind?

Wie funktioniert denn nun dieses Lust-, Belohnungs- und Glückssystem in unserem Kopf? Welche Areale lösen diese Glücksgefühle in uns aus? Wie genau machen sie das? Dieser Frage gehen wir aus der Sicht der Hirnforschung nach und schauen uns die biochemischen Abläufe im Gehirn etwas genauer an.

Sieben unterschiedliche Hirnregionen tragen zur Entstehung, dem biochemischen Ablauf und dem Empfinden von Glück bei. Individuell können dann, je nach Mimik, noch bis zu zwei weitere dazu kommen. Diese Hirnregionen sind jedoch allesamt eng beieinander und stehen in direktem und ständigem Dialog. Dabei kann keine Region alleine als „der Ursprung des Glücks" bezeichnet werden, einen zentralen Sitz des Glücks gibt es nicht. Glück baut sich im Laufe der Zeit auf, ist ein biochemisch-elektrischer, neurologischer Prozess, wie alle anderen Gefühle, Stimmungen und Emotionen auch.

Demnach sind an den Vorgängen, welche Freude oder Glück verursachen, mehrere Areale beteiligt. Dies sind:

- *Ventral tegmentales Areal(VTA; ventral wegen der Lage im bauchwärts liegenden Hirnstamm):* hier liegt der Herkunftsort der Lust-,Belohnungs- und Glückszentrale. Hier fängt das Glücksgefühl an und hier endet es auch wieder.

- *Amygdala(auch Mandelkerne genannt):* sie ist an den positiven und negativen Empfindungen als eine Art Postzentrale an allen Angststörungen und psychischen Erkrankungen beteiligt.

- *Striatum(beidseitig am Boden des Mittelhirns verlaufendes Streifengebilde):* hier vor allem der Nucleus accumbes, welcher mit dem Dopamin und My-Dopamin-System zusammen das Zentrum unseres Lust-, Belohnungs- und Glücksgefühls ist.

- *Der orbitofrontale Kortex(liegt direkt über den Augenhöhlen):* dieses Areal reagiert sofort, wenn es einen dementsprechenden Reiz(freudiges Ereignis, gute Nachrichten, Gewinn) präsentiert bekommt. Die Signale der Nerven vom ventral tegmentalen Areal werden in Millisekunden aufgebaut und halten sich dann einige Millisekunden direkt über der seitlichen Augenhöhle.

- *Vordere mittig umgürtende Zentralfurche(anterior zingulärer Kortex):* hier geschieht die Klassifizierung unseres derzeitigen Erlebens. Hier wird entschieden ob etwas gut, gerecht, erfreulich, angenehm, fair, schön oder lustig empfunden wird.

- *Precuneus:* die 222,8qmm umfassende Hirnregion, beidseitig an den Wänden der mittig umgürtenden Zentralfurche anliegend, rückseitig(dorsal) an der Hirnrinde anliegend. Eine japanische Forschergruppe um Sato fand im Jahre 2015 heraus, dass, je größer der Precuneus, desto glücklicher die Person im Allgemeinen.

- *Hypothalamus:* er wandelt Botenstoffe(Neurotransmitter) in Neurohormone um und ist für deren Ausschüttung über die anhängende Hypophyse(Hirnanhangdrüse) in den Blutkreislauf verantwortlich. Die Neurohormone werden auch zu unseren Sexualorganen transportiert.

Die Hirnforschung kennt schon lange Zeit die Areale im Gehirn, welche für den Humor zuständig sind, bzw. mit ihm zusammenhängen. Auch bekannt sind die Gebiete, welche Sprache analysieren und die wörtliche Deutung eines Witzes zulassen. Die Areale, welche das Lachen oder Lächeln befehlen sind ebenfalls bekannt. Das eigentliche Zentrum des Humors liegt jedoch im Nucleus accumbens(kurz: Nacc).

Ein bedeutendes Experiment machte Dr. Fried von der UCLA Medical School in Los Angeles im Jahre 1998 . Er reizte mehrmals einen Teil der prämotorischen Hirnrinde einer 16-jährigen Patientin mit elektrischen Impulsen. Der Effekt war jedes Mal der Gleiche: die Probandin musste immer lachen. Jedes Mal, wenn Dr. Fried sie so stimulierte, musste sie lachen und sagte, dass etwas lustig sei. Doch jedes Mal, wenn Dr. Fried sie befragte, was denn so lustig sei, sagte sie etwas anderes. Zuerst lachte sie herzhaft, dann konstruierte sie eine Geschichte darum.

Eigentlich ist das Pferd von hinten aufgezäumt, denn normalerweise haben wir etwas lustiges gehört oder gesehen und fangen dann erst an zu lachen. Daraus schloss Dr. Fried, dass die prämotorische Hirnrinde nur der Teil eines größeren Hirnsystems ist, welches noch aus weiteren Regionen besteht. Die prämotorische Hirnrinde ist aber nicht nur für das Lachen oder den Ausdruck für Glücksgefühle verantwortlich, sie ist besonders aktiv beim Sprechen, insbesondere beim Stottern.

So, dass war nun ein kleiner Ausflug in die neurobiologische Sicht der Zusammenhänge zum Thema Glück. Nun werden wir uns der philosophischen Sicht der Definition von Glück zuwenden.

Das sagen die Philosophen zum Thema Glück

Nicht nur Neurobiologen, Theologen, Wirtschaftsweise und sonstige Gelehrte haben sich schon auf die Suche nach der Definition von Glück gemacht, sondern den Philosophen war dies auch allen ein paar, manchen ein paar mehr, Zeilen wert.

Bereits **Aristoteles** beschäftigte sich im antiken Griechenland mit dem Thema Glück. Zu dieser Zeit stand für die Philosophen bereits fest, was Glück ist. Sie strebten nach der Eudamonia, dem gelingenden Leben. Will man dies erreichen, so muss den ethischen Grundsätzen gefolgt werden und ein ausgeglichenes Gemüt an den Tag gelegt werden. Aristoteles galt zu seiner Zeit als der Realist aller Denker und er beschrieb das Glück als höchstes Gut und Ziel des Daseins. Der einzelne Mensch (das Individuum) kann es jedoch nicht im Alleingang erreichen, sondern nur als Teil einer Gemeinschaft. Selbstsüchtige Menschen, welche nur auf den eigenen Vorteil aus sind und „über Leichen gehen", die werden diesen Zustand niemals erreichen, also nie wirklich glücklich sein. Glücklich kann nur derjenige sein, der sein Glück mit dem Glück der Allgemeinheit verknüpft. „Gelingendes Handeln, verbunden mit Tugend und Selbstgenügsamkeit des Lebens", das ist wirkliches und wahrhaftiges Glück, so Aristoteles.

Der nächste Philosoph, der sich, einige Jahrhunderte nach Aristoteles, an der Definition von Glück versuchte, was **Seneca** (eigentlicher Name: Lucius Annaeus Seneca), römischer

Philosoph.

Zum Thema Glück schreibt er:

> „Wer die Einsicht besitzt, ist auch maßvoll. Wer maßvoll ist, ist auch gleichmütig. Wer gleichmütig ist, lässt sich nicht aus der Ruhe bringen. Wer sich nicht aus der Ruhe bringen lässt, ist ohne Kummer. Wer ohne Kummer ist, ist glücklich. Also ist der Einsichtige glücklich, und die Einsicht reicht aus für ein glückliches Leben."

Immanuel Kant, deutscher Philosoph der Aufklärung und bedeutendster Vertreter der abendländischen Philosophie, sagte über das größte Glücksgefühl, dass einen Menschen durchströmen kann sei, seine Pflicht zu erfüllen und vernunftsgemäß zu agieren.

> „Handle nur nach derjenigen Maxime, durch die du zugleich wollen kannst, dass sie ein allgemeines Gesetz werde."

Als „subjektive Wertschätzung des Lebens" klassifiziert **Ruut Veenhofen**, niederländischer Sozialpsychologe, das Glück.

Friedrich Nietzsche, klassischer, deutscher Philologe, war der Überzeugung, dass Glück über Moral steht und dass man sich für das Glück ausleben und seine Potenziale ausschöpfen sollte, auch wenn man anderen dadurch schadet.

Die Verhaltensökonomin Claudia Senik von der Pariser Sorbonne ist Verfechterin der These, dass das individuelle Streben nach Glück das Maß aller Dinge sei.

> *„Vergleichen Sie sich nicht mit anderen,*
> *konzentrieren Sie sich auf ihre eigenen*
> *Pläne und setzen Sie auf Ehrgeiz."*

Dies waren nun die Einsichten in die Meinungen der Philosophen zum Glück. Teils sind recht egoistische, radikale Ansichten darunter, jedoch auch durchaus Definitionen, welche auch heute so noch Bestand haben.

Wollen Sie das Glück finden, so legen Sie dieses Verhalten ab

Zufriedenheit und Glück, das sind die Dinge, nach denen wir Menschen streben. Ein guter Job, soziale Kontakte, erfolgreiche Kinder, gutes Essen, das neue Auto oder der tolle Urlaub, all diese Dinge nennen Menschen, wenn sie danach gefragt werden „Was ist Glück für Sie?" Wenn sich nun aber, trotz aller guten Umstände, das Glück nicht einstellen möchte, die Zufriedenheit auf sich warten lässt, was sollen wir denn dann tun?

Wir Menschen haben das zweifelhafte Können, uns meist selbst im Weg zu stehen. Durch unsere veralteten Glaubenssätze und verstaubten Einstellungen blockieren wir das Glück manchmal regelrecht. Denn, dass Glück mit der inneren Einstellung zu tun hat, daran besteht kein Zweifel.
Das tückische an unserem Verhalten ist aber, dass es meist auf der unbewussten Ebene abläuft, wir es also in der Regel gar nicht wahrnehmen bzw. bewusst steuern können. Das Schlimme an diesem Verhalten ist auch, dass sich dieser Trend aus Negativem dann wie eine Seuche in unser Leben frisst, bis wir irgendwann an dem Punkt sind, dass uns tatsächlich, auch mit viel „good will", nichts mehr gelingt und wir nur noch schlechte Laune haben und traurig sind.

Befreien Sie sich noch heute aus ihrer persönlichen Abwärtsspirale und durchbrechen Sie alte Muster und Angewohnheiten. Dazu müssen Sie sich einfach ihrer negativen Angewohnheiten bewusstwerden und diese ins positive wandeln. Hier finden Sie nun Verhaltensweisen, welche Sie relativ leicht ändern können und so ein Stück näher an Zufriedenheit und Glück heranrücken.

1. **Neid:** eine der Todsünden. Wir Menschen neigen ja gerne dazu, auf andere neidisch zu sein. Wir vergleichen uns und unseren Besitz mit dem der Anderen und suchen so lange nach etwas, auf das wir neidisch sein können, bis wir es gefunden haben. Wir jagen Illusionen nach und sind sprichwörtlich „grün vor Neid". In unserer heutigen, von Leistung und Ansprüchen geprägten Welt, ist Neid fast ein ständiger, allgegenwärtiger Begleiter. Neid hemmt uns und drängt uns immer weiter, falschen Idealen nachzujagen, die wir eh nicht finden können. Neid lähmt uns und raubt uns die Energie, bis wir am Ende unseres Lebens kraftlos und resigniert zusammenbrechen und das falsche, von Neid verursachte Ideal doch nicht gefunden haben. Lassen Sie Neid nicht mehr zu! Verschließen Sie sich ihm und schauen Sie stattdessen lieber auf die Dinge in Ihrem Leben, auf die Sie stolz sein können. Machen Sie sich bewusst, wie gut Ihr Leben ist und was Sie bereits alles erreicht haben. Wie brachte es schon Friedrich Hebbel so treffend auf den Punkt:

   „Der Neidische wird ärmer, wenn er andere reicher werden sieht."

2. **Bei anderen die Schuld suchen:** gerne suchen wir die Schuld für das Nichtgelingen unseres Lebens bei den Anderen. Dieses Verhalten ist nur verständlich, schließlich wollen wir das positive Bild, welches wir von uns haben, nicht zerstören. Aber ganz ehrlich? Dieses Verhalten hat einen Touch von Unreife. Ja, liebe Leser, die Verantwortung für sein Leben nicht selbst übernehmen zu wollen, das ist, für einen erwachsenen Menschen, ein Zeichen von Unreife. Dabei ist Verantwortung zu übernehmen doch so wichtig für uns, stärkt es doch die eigene Persönlichkeit und lässt uns dadurch wachsen und reifen. Es ist für die Persönlichkeitsentwicklung übrigens auch gut und wichtig, dass man auch einmal die Verantwortung übernimmt, wenn etwas einmal nicht so läuft wie es soll. Dadurch begeben wir uns aus der passiven Rolle heraus, können die Dinge beeinflussen und sind für die nächste, vergleichbare Situation einfach besser gerüstet. Dies wirkt sich nebenbei auch noch positiv auf ihr Selbstbewusstsein aus. Wie sagt es die schöne Redensart: „Wenn der Bauer nicht schwimmen kann, ist grundsätzlich die Badehose schuld!" Geben Sie ihrer Badehose nicht mehr die Schuld, befreien Sie sich aus diesem Verhalten und übernehmen Sie ab sofort die Verantwortung für ihr Handeln und Reden.

3. **Beschweren:** das Leben ist doch eigentlich schon schön, finden Sie nicht auch? Die herrliche Natur, der Sonnenschein, Blumen, Insekten oder Vögel, die

Natur schenkt uns so viel Schönheit und wir beschweren uns immerzu, ohne diese Schönheit zu würdigen. Dieses ständige Beschweren, das Suchen nach dem Haar in der Suppe, das lässt unser Selbstbild ins Wanken geraten. Wer sich ständig beschwert, über sich, über andere und über die Umstände, der gibt negativen Gefühlen und Gedanken Raum. Diese werden sich mit der Zeit manifestieren und die Sicht auf die eigene Person verändern. Das Negative gewinnt an Bedeutung und man sieht sich irgendwann nur noch als „alte Meckerziege", übel gelaunt und von Kopf bis Fuß negativ gepolt. Frei nach dem Motto: „Je mehr Nachsicht, desto mehr Einsicht."

4. **An Dingen festhalten:** wir Menschen sind Gewohnheitstiere, zudem Jäger und Sammler. Wir haben ein großes Bedürfnis nach Sicherheit und halten aus diesem Grund an den unterschiedlichsten Dingen fest. Auch wenn sie uns längst nicht mehr guttun, behalten wir sie als Bestandteil unseres Lebens. Das können die verschiedensten Dinge sein, etwa Beziehungen zu Menschen, welche uns auslaugen, in welchen der Gegenüber mehr nimmt, als er gibt. Es kann aber auch der Job sein, der eigentlich schon lange keinen Spaß mehr macht und uns nicht mehr erfüllt. Es kann aber auch das ganze Leben sein, mit dem man nicht mehr zufrieden ist, jedoch sich aus einem falschen Bedürfnis nach Sicherheit auch nicht wagt, sich heraus zu begeben.

Das Unbekannte macht uns Angst, wir wittern darin Gefahr. Eine Gefahr, welche es nur in unseren Köpfen gibt. Schauen Sie sich einmal ihr Leben ganz bewusst an. Wo sind ihre alten Zöpfe? Bringen die Sie noch vorwärts? Oder behindern dieses Sie auf Ihrem Weg? Dann schneiden Sie die Zöpfe ab! Befreien Sie sich aus Beziehungen, welche Sie schon lange nicht mehr befriedigen, machen Sie sich auf den Weg, auf die Suche nach neuen Abenteuern. Schlagen Sie ein neues Kapitel in Ihrem Leben auf und füllen Sie die noch leeren Blätter mit neuen, aufregenden Dingen. Machen Sie Ihren Kopf frei für neuen Input, für neue Eindrücke. Ganz nebenbei stärkt es Ihr Selbstbewusstsein ungeheuer, wenn Sie sich neuen, unbekannten Dingen stellen und an diesen dann wachsen und sich weiterentwickeln.

Hermann Hesse sagt. „Jedem neuen Anfang, wohnt ein Zauber inne."

5. **Bereuen:** jeder Mensch erlebt in seinem Leben Dinge, welche er bereut, welche er gerne rückgängig machen würde. Ein unüberlegter Satz zu einer nahestehenden Person vielleicht oder eine verpasste Chance können solche Dinge sein. Da wir nun aber einmal die Zeit nicht zurückdrehen können, lohnt es auch nicht, sein halbes Leben diese Dinge zu bereuen. Auf Dauer macht uns das zu sehr unglücklichen Menschen und ändern tut sich dadurch doch sowieso nichts. Wenn Sie ständig an Vergangenes mit trüben

Gedanken denken, dann kommen Sie aus dem Heulen und Klagen nicht mehr heraus und Ihre Zukunft wird in Trübsal und Gram enden. Durchbrechen Sie diesen Teufelskreis und machen Sie es in der nächsten Situation einfach besser! Seien Sie positiv und erlauben Sie damit dem Universum, freundlich zu ihnen zu sein. Sie werden bemerken, wie dies Ihr Leben positiv beeinflusst. William Congreve, englischer Komödiendichter hat es treffend formuliert:

„Reue schneidet tiefer als das schärfste Schwert!"

6. **Kontrollzwang:** kein Mensch auf der Welt hat über alles Kontrolle. Oftmals meinen wir das zwar, doch wenn sich die Dinge dann doch anders entwickeln, dann sind wir enttäuscht, verärgert und missmutig. Wenn wir einmal ganz ehrlich auf unser Leben blicken und bewerten, was oder wen wir wirklich kontrollieren können, so fällt das Ergebnis recht nüchtern aus, denn, wirklich kontrollieren können wir die wenigsten Dinge. Menschen, Tiere, ja, sogar Dinge, haben alle ihr Eigenleben und entziehen sich unserer Kontrolle. Je früher wir diesen Umstand als Fakt akzeptieren, desto glücklicher und zufriedener wird unser Leben verlaufen. Akzeptieren Sie ab sofort die Dinge, die Sie nicht ändern können und finden Sie sich damit ab, dass Sie eben doch nicht immer alles unter Kontrolle haben. Das bringt Sie Ihrem

persönlichen Glück ein gehöriges Stück näher!

„Mit jedem Loslassen sterben wir ein bisschen und kommen dem Leben ein Stück näher." Helga Schäferling, deutsche Sozialpädagogin

7. **Unmotivierende Leitsätze:** sagen Sie sich oft Sätze wie: „Das kann ich eh nicht", „Das funktioniert niemals" oder „Das kann ich nicht schaffen"? Damit sind Sie nicht allein, viele Menschen tun dies. Dabei wissen sie gar nicht, was sie sich damit selbst antun. Oftmals sind solche Verhaltensweisen in unserer Kindheit begründet. Diese Mantren werden uns häufig von unseren Eltern oder sonstigen nahestehenden Personen eingetrichtert, bis wir sie zum Schluss selbst glauben, sie als „gegeben" akzeptieren. Dieses Absprechen von Fähigkeiten und Fertigkeiten ist jedoch sehr schädlich für uns und unser Selbstbewusstsein. Durch diese vermeintlichen, eingeredeten Schwächen erzeugen wir in uns ein negatives Selbstbildnis, welches uns hemmt und uns selbst den Weg versperrt, unseren Blick auf das Negative fokussiert. Ganz erstaunlich ist nämlich, dass solche negativen Selbstgespräche sich erfüllen werden, genauso wie die positiven. Wenn Sie sich also das nächste Mal dabei ertappen, wie Sie sich wieder klein machen, dann treten Sie dieser kritischen Stimme in Ihrem Kopf in den Arsch. Ab sofort leben Sie nämlich nach der Maxime: „Ich

schaffe das", oder „Ich kann alles erreichen, was ich möchte" oder auch: „Ich weiß so viel mehr, als ihr alle denkt!" Überlegen Sie sich positive Leitsätze. Notieren Sie sich diese gerne auf einem Zettel. Je nachdem, wie viele positive Sätze Ihnen einfallen, können Sie sich entweder jeden Tag einen neuen Spruch zum Motto des Tages nehmen oder Sie entscheiden sich für einen starken Ausspruch und wählen diesen als „Jahresmantra". Vielleicht haben Sie auch eine eigene Idee, wie Sie die positiven Leitsätze in Ihrem Leben verankern, dann tun Sie es auf ihre Weise.

> *„Ist unsere Motivation stark und heilsam, können wir alles vollbringen!" (Dalai Lama)*

8. **Zu allem eine Meinung haben:** das Traurige an manchen Menschen ist, dass sie denken, sie seien der Nabel der Welt. Machen wir Menschen uns aber einmal bewusst, was wir aus der Sicht des Universums sind, so wird jedem schnell klar, dass sein Leben ein kleines Sandkorn ist, gemessen an der Allmacht des Universums. Warum nehmen sich manche dann so wichtig, frage ich mich in speziellen Situationen immer wieder. Wir Menschen neigen einfach dazu, ist dann meist die Antwort. Dem großen Ganzen ist es dabei ziemlich wurst, wer wir sind und was wir über Dinge denken. Ob sie uns gefallen oder nicht, dass interessiert in diesem Zusammenhang niemanden.

Hören Sie auf, sich durch Kritik und Meinungen zu sagen, was alles schlecht ist auf dieser Welt. Gehen Sie ab jetzt bewusster durch die Welt, schärfen Sie Ihre fünf Sinne und nehmen Sie mit ihnen wahr. Bewusst! Öffnen Sie ihre Augen für die Schönheit der Welt, erfreuen Sie sich an den kleinen Dingen des Lebens! Dazu kann ich Ihnen eine kleine Geschichte aus meinem Leben erzählen: Als ich mit meiner Depression zu kämpfen hatte und in dieser dunklen Zeit gar nichts Schönes mehr sehen konnte, besuchte mich ein sehr guter Freund, der seit etwa einem Jahr, nach einem schlimmen Motorradunfall, querschnittgelähmt im Rollstuhl saß. Es war ein Freitag, ich weiß es noch genau, das Wetter war für diese Jahreszeit extrem schön, die Sonne brannte vom Himmel, es war sehr angenehm, sich im Freien aufzuhalten. Da rief mein Freund an. Ich war, wie immer, in sehr schlechter, trübsinniger Stimmung, trotz Sonnenschein. Er sagte, er hätte so sehr Lust auf einen Spaziergang an der Sonne, ob ich nicht mitkommen wollte, falls er Hilfe bräuchte. Natürlich sagte ich ihm, dass ich mitgehe und für ihn da bin. Er holte mich kurze Zeit später ab und wir liefen einen Waldweg entlang, Sonne pur. Wir redeten und wie immer kamen von mir nur negative, traurige Aussagen. Mein Freund versuchte mich natürlich aufzubauen, so wie er das immer tat, ich konnte es nicht annehmen, so wie ich das immer tat. Plötzlich stoppte er seinen Rolli neben mir und deutete auf einen massiven Stamm einer Eiche am Wegesrand.

Als ich den Blick umwendete, sah ich tausende Marienkäfer an dem Stamm auf- und ablaufen. Manche spreizten die Flügel und flogen davon, anderen landeten in der gleichen Sekunde neu auf dem Baum. Um diese Jahreszeit durften diese kleinen Kerlchen eigentlich gar nicht mehr draußen sein, schoss es mir als erstes durch den Kopf. Da meldete sich mein Freund zu Wort: „Siehst du, du musst die Augen immer offen halten im Leben, dann siehst du auch die kleinen Wunder, die es für uns bereithält." Dieser Satz hat sich tief in mein Gedächtnis gebrannt. Zum einen, weil er natürlich wahr ist, und zum anderen, weil er aus dem Mund eines Menschen kam, der selbst eigentlich alles Recht dazu hätte, auch unter trübsinnigen Gedanken zu leiden, aufgrund seines schlimmen Schicksals. In der Folgezeit, eigentlich bis zum heutigen Tag, gehe ich wirklich mit offeneren Augen durch die Welt, und, was soll ich ihnen sagen? Es gibt sie tatsächlich, die kleinen Wunder des Lebens, überall, jederzeit, für jeden, der bereit ist, sie zu sehen und als das wahr zu nehmen.

9. **Angst:** durchaus ein Gefühl, was seine Daseinsberechtigung hat. Angst ist ein uralter Überlebensmechanismus und hat sicherlich schon ganze Völker vor dem Tod bewahrt. Doch unsere heutige Zeit hat mit der Zeit, in der die Angst noch das Überleben sicherte, so rein gar nichts mehr zu tun. Natürlich hat auch heute noch die Angst die Funktion, uns vor Schaden zu schützen und in manchen Fällen

hat sie sicher auch das schon getan. Von dieser Angst, nennen wir sie sinnvolle Angst, reden wir hier nicht. Wenn wir von Angst reden, dann meinen wir die krankhafte, die krankmachende, einschränkende, lähmende Angst, welche uns handlungsunfähig macht und so irrational ist. Wir meinen diese Angst, deren Folgen für uns schlimmer sind, als die Angst selbst. Wer ständig in Angst lebt, lebt nicht nur ungesund und verschenkt wertvolle Jahre seiner Lebenszeit, er lebt auch nicht effizient. Das Leben sollte Spaß machen, schön sein, positiv. Wenn ich jedoch in ständiger Angst und Anspannung lebe, was macht das wohl auf Dauer mit mir, mit meiner Psyche, mit meiner Persönlichkeit? Sie wird sich verändern, Stück für Stück, bis ich irgendwann ein Mensch bin, der ich doch nie sein wollte. Bekämpfen Sie ab jetzt die Angst! Seien Sie mutig und stellen Sie sich Ihren Ängsten selbstbewusst entgegen und sagen Sie laut und deutlich: „Stopp! Hier ist kein Platz mehr für Angst!" Natürlich können Sie das auch mit anderen Worten ausdrücken. Wichtig ist nur, dass Sie es regelmäßig wiederholen. Machen Sie es zu einem Ritual, vielleicht gleich morgens, nach dem Aufstehen. Gerne können Sie die Worte auch laut aussprechen, müssen es aber nicht. Sie werden merken, wenn Sie am Ball bleiben und es sich immer wieder sagen, wie die Angst verschwindet bzw. weniger bedrohlich wird oder erscheint. Versuchen Sie es doch gleich aus!

Etwas Anderes ist es natürlich, wenn ihre Angst

pathologisch ist. In diesen schlimmen Fällen kann nur der Gang zu einem Facharzt oder Psychotherapeuten angeraten werden. Dieser wird Sie, sanft genug, doch zielstrebig, von ihrer Angst befreien. Falls Sie die Vermutung haben, dass dieses Angstgefühl bei ihnen krankhaft ist, so scheuen Sie sich nicht, mit ihrem Hausarzt darüber zu reden. Denn, Angst schnürt die Lebensqualität komplett ab. Kein Mensch sollte in Angst leben müssen, auch, und vor allem, Sie nicht.

10. **Das Streben nach Perfektion:** Perfektionisten sind, strenggenommen, eigentlich sehr arme Menschen. Sie wollen, und erwarten, dass immer alles perfekt ist, erreichen gerade aber dieses Ideal im seltensten Fall. Genauer betrachtet fällt auf, dass Perfektionismus eine Angst ist, eine Angst, welche uns hemmt und einschränkt, uns unsere Ziele nicht mit Freude, Passion und Motivation erreichen lässt. Dazu ein kleines Beispiel: nehmen Sie zwei Menschen. Geben Sie diesen beiden Zettel und Stift und sagen Sie zu dem Einen, er soll in einer Stunde einen perfekten Kreis zeichnen. Den Anderen bitten Sie, wieder innerhalb einer Stunde, den Kreis immer besser zu zeichnen. Nach dieser einen Stunde wird einer der beiden entnervt und frustriert den Stift wegwerfen, der Andere wird zufrieden sein. Welcher dieser beiden möchten Sie gerne sein? Ich kann es mir bereits vorstellen.

Dabei wenden Perfektionisten ihre strengen Vorstellungen und Überzeugungen ja nicht nur auf ihr eigenes Verhalten und Leben an, sie erwarten die gleiche Perfektion von jedem und von allem, was um sie herum ist, was mit ihnen interagiert. Partner, welche mit einem Perfektionisten liiert sind, kann diese Eigenart an den Rande des Wahnsinns treiben, fragen Sie dazu gerne meinen Mann. 😊

Bei mir liegen sogar die Fernbedienungen der Unterhaltungsgeräte nach Größe sortiert auf dem Tisch, jede an ihrem Platz.

Der perfekte, glückliche Tag- aus Sicht der Wissenschaft

Wäre es nicht wundervoll, wenn es ein Rezept, eine Anleitung zum Glücklichsein geben würde? Was hätten wir doch für eine schöne Welt? Jeder wäre glücklich und hätte gute Laune. Wir würden nur noch in lachende, zufriedene Gesichter blicken und es würde keinen Streit, keinen Neid, keine Missgunst und vielleicht auch keine Kriege mehr geben. Unmöglich, so eine Welt zu erschaffen, sagen Sie jetzt bestimmt. Geht es jedoch nach ein paar Wissenschaftlern, dann ist genau dies möglich. Die behaupten nämlich, dass der perfekte, glückliche Tag möglich ist, durch spezielle Ergebnisse aus der Glücksforschung haben sie einen solchen Tag konstruiert. Dabei sind es nicht unbedingt die großen Gefühle des Glücks, die hier erschaffen werden sollen, dies ist auch nur schwer möglich. Doch die kleinen Glücksgefühle, die kann man beeinflussen und sie so für seine Belange nutzen und so im Alltag ein glücklicherer, zufriedenerer Mensch werden.
Schauen wir uns nun also einmal an, was die Wissenschaft für uns da herausgefunden hat.

Der Tagesablauf beginnt eigentlich mit dem Ende des vorherigen Tages, denn die erste Formel lautet: **1.früh ins Bett gehen!** Der ausreichende, qualitativ hochwertige Schlaf sorgt nämlich dafür, dass wir am Morgen nicht so empfänglich für schlechte Gefühle und Erinnerungen sind. Diese, haben wir vorher gelesen, werden von der Amygdala (den Mandelkernen) im Gehirn verarbeitet und weitergeleitet. Die neutralen und positiven Gefühle und Erinnerungen werden dagegen im Hippocampus, dem Sitz des Gedächtnisses, verarbeitet. Bei einem Schlafdefizit wird der Hippocampus mehr beeinträchtigt, als die Amygdala.

Der nächste Punkt ist **2. der Gang in die Natur!** Gehen Sie raus an die frische Luft! Vielleicht gehen Sie den Weg zur Arbeit ab sofort lieber zu Fuß, anstatt ihn mit dem Auto zu fahren? Bei wem das zu weit ist, der kann auch etwa die Mittagspause dazu nutzen, um sich an der frischen Luft zu bewegen. Möglichkeiten dazu finden sich viele.

Wer sich bereits für nur 20 Minuten in der Natur bewegt, der steigert seine Laune um ein Vielfaches, gleichzeitig wird auch das Arbeitsgedächtnis gestärkt, was eine Studie aus England, genauer an der University von Sussex, belegte. Optimalste Bedingungen, um den vollen Nutzen aus dem Spaziergang zu erhalten, sind hierfür Temperaturen um die 14°C und Sonnenschein. Dies ergaben die Auswertungen der American Meteorological Society aus dem Jahr 2011. Die Temperatur hat folglich also eine größere Auswirkung auf das Wohlbefinden, als beispielsweise die Luftfeuchtigkeit oder die Windstärke.

Überlegen Sie sich bei Punkt 2, ob es sich nicht für Sie lohnen würde, **näher an ihrer Arbeitsstätte** zu wohnen. Wer täglich einen langen Weg auf sich nehmen muss, um etwa ins Büro zu kommen, den belastet dieser Umstand über kurz oder lang. Selbst wenn man sich am Anfang noch einzureden versucht, dass der tolle Job, das hohe Gehalt etc. diesen weiten Weg wert wären, so tritt schon recht bald Ernüchterung ein und der Weg, das Gedränge in der Bahn, der Stau zur Hauptverkehrszeit etc. scheinen nur noch nervig und zur

Geduldsprobe zu werden. Schweizer Psychologen fanden heraus, dass mehr Geld oder ein besserer Job diese belastenden Faktoren auf Dauer nicht aufwiegen können.

Die nächsten Punkte, **Punkt 3 und 4**, fassen wir in einem Kapitel zusammen. Es dreht sich um das **Lächeln und ums Helfen**. Diese Dinge machen uns per se schon glücklicher, daher können Sie hier doppelt profitieren. Üben Sie das richtige, das ehrlich empfundene Lächeln ruhig vor dem Spiegel, so lange, bis Sie 100%ig mit dem Ergebnis zufrieden sind. Dann wenden Sie es in ihrem Alltag an und beobachten Sie selbst, wie ein ehrlich gemeintes Lächeln Türe und Tore öffnen kann, zeitgleich wirkt es auch schmerzlindernd.
Mit Helfen ist etwa gemeinnützige Arbeit oder dergleichen gemeint. Bereits 2 Stunden in der Woche reichen hier vollkommen aus. Daraus ergeben sich etwa 100 Stunden im Jahr, dies ist, laut Wissenschaftler, die magische Zahl, bei der „Geben seliger ist, als nehmen". Hier ist noch ein Ergebnis einer Studie, erschienen im „Journal of Happiness", zu nennen, wonach Geld für andere auszugeben uns mehr befriedigt, als es für uns selbst, die Erfüllung unseres persönlichen Wunsches, auszugeben.

5. Dankbarkeit: Wann waren Sie das letzte Mal dankbar? Wem gegenüber waren Sie dankbar? Sie können im Prinzip für alles dankbar sein, für den guten Job, die erfolgreichen Kinder, die gute Gesundheit etc. Finden Sie jeden Tag etwas, worüber Sie dankbar sein können. Und dann seien Sie auch dankbar! Dankbar zu sein, etwa für seine Arbeit, so ergaben Studien, verhindert Depressionen, lässt den Wohlfühlfaktor steigen und steigert die Zufriedenheit mit dem eigenen Leben.

Punkt 6 befasst sich damit, was in uns ausgelöst wird, wenn wir etwa eine **Reise planen**. In der „Applied Research in Quality of Life" wurde eine Studie zu eben diesem Thema veröffentlicht. Diese besagt, unter anderem, dass die Vorfreude auf den Urlaub uns beim Planen von diesem, unser Wohlbefinden, das Gefühl des Glücklichseins, um ganze 2 Monate erhöhen kann. Das schafft der anschließende, reale Urlaub bei weitem nicht, denn bei ihm konnten keine Erhöhungen irgendwelcher Faktoren beobachtet werden.

7. Bewegung: Treiben Sie ab jetzt Sport, jeden Tag, wenigstens ein paar Minuten. Sport gilt nach wie vor als eines der geeignetsten Mittel, um den Wohlfühlfaktor zu steigern. Sport kann sogar vor Depressionen schützen. Das liegt ganz einfach an den Hormonen, welche der Sport in uns erzeugt und durch unseren Körper fluten lässt. Forschungen auf diesem Gebiet ergaben, dass von Patienten, welche wegen einer Depression in Behandlung sind und regelmäßig, über einen Zeitraum von sechs Monaten, Sport treiben, die Rückfallquote um 9% geringer ist, als bei denen, die keinen Sport treiben, hier lag der Prozentsatz bei 38. Also, liebe Leser, ziehen Sie die verstaubten Laufschuhe wieder aus dem Schrank und rennen Sie los, eine Runde um den Block sollte zu Beginn schon möglich sein. Und Sie tragen mit den regelmäßigen Sporteinheiten nicht nur zur guten Laune bei, Sie formen ihren Körper, halten bzw. machen ihn gesund und das lässt uns erwiesenermaßen auch glücklich sein.

8. Zeit: Zeit mit denen, die Sie lieben und die Sie gerne um sich haben, Ihre Familie und Ihre Freunde. Es zeigte sich, dass Menschen auf dem Sterbebett bereuten, sich nicht genügend Zeit für Freunde und Familie genommen zu haben. Soziale Bindungen und Beziehungen sind das Salz in der Suppe, sie bereichern unser Leben und tragen so zu unserem Wohlbefinden bei. Und hier ist nicht gemeint, dass Sie sich möglichst oft mit ihren Lieben treffen sollen, weil es hier eben steht. Sie sollten das aus einem tief empfundenen Gefühl der Freude und der Verbundenheit tun. Denn nur dann stellt sich auch der positive Effekt ein. Eine Langzeitstudie, mit 268 männlichen Probanden, förderte ans Tageslicht, dass der Wohlfühlfaktor und die Flexibilität im fortgeschrittenen Alter am ehesten aus der Qualität der sozialen Beziehungen in einem Alter von etwa 47 Jahren abzulesen waren.

9. Ruhe und Entspannung: Eine Studie am Massachusetts General Hospital an 16 Probanden förderte Folgendes ans Licht: Gehirnscans an den Probanden zeigten bereits nach einem 8-wöchigen Meditationstraining eine veränderte Gehirnstruktur. Die Gebiete, welche den Stress ver- und aufarbeiten waren deutlich kleiner. Meditation tut nicht nur unserer Konzentration sehr gut, es entspannt auch unglaublich. Versuchen Sie es doch gleich einmal an sich selbst aus. Dazu können Sie gerne in das Programm Ihrer örtlichen Volkshochschule schauen. Dort werden eigentlich immer Meditationskurse und Seminare angeboten. Sie können jedoch auch über das Internet Kontaktadressen von Praxen, welche Meditation anbieten, erfahren.

Haben Sie nun alle diese neun Punkte und Faktoren umgesetzt, so müssten Sie, laut Wissenschaftler, sich deutlich glücklicher fühlen.

Ich denke aber, dies braucht, wie das meiste, dass uns verändern soll, eben einfach eine gewisse Zeit des Praktizierens, bis sich ein merkbarer Erfolg einstellt. Bleiben Sie deshalb am Ball, machen Sie mit dem Programm weiter, auch, und vor allem, wenn Sie wieder in alte Muster zurückfallen. Dies wird ihnen besonders am Anfang noch sehr häufig passieren, doch verzagen Sie nicht und machen Sie weiter! Ich bin mir sicher, nach ein paar Wochen werden Sie sie auch spüren, die kleinen Glücksmomente, die das Leben uns offeriert. Seien Sie bereit, diese wahrzunehmen!

Neue Eindrücke aus der Glücksforschung

Wir haben bereits sehr viel über Glück gesprochen. Glück ist ein individuell empfundenes Gefühl, jeder Mensch hat einen anderen Fokus auf das Glück. „Viel Glück" sagen wir etwa vor der Führerscheinprüfung oder vor einer Bewerbung. Glück wird auch meist zum Geburtstag gewünscht. Glück ist ein biochemischer Vorgang, welcher Hormone, sogenannte Botenstoffe oder Neurotransmitter, durch unseren Körper fluten lässt.

Glück- jeder möchte es, die wenigsten haben es. Hier tritt nun die Glücksforschung auf den Plan. Diese relativ neue Disziplin beschäftigt sich mit der Erforschung der Faktoren, welche Menschen als „Glück" oder „Glücklichsein" beschreiben. Die Glücksforschung möchte zum Wohl des Menschen und der Glücksmaximierung beitragen und hat daher einen besonders hohen humanistischen Anspruch. Der Soziologe Alfred Bellebaum machte im Jahre 1980 die Glücksforschung in Deutschland bekannt und intensiviert seitdem die Forschungen auf diesem Gebiet. Schauen wir uns einmal zusammen an, was die Glücksforschung für neue Einsichten in diese Materie liefert.

- *Soziale Bindungen und Beziehungen:* sie sind elementar wichtig für uns Menschen. Frei nach dem Zitat:

> *„Blumen können nicht blühen ohne die Wärme der Sonne. Menschen können nicht Mensch werden ohne die Wärme der Freundschaft." (Phil Bosmans)*

Dieser Spruch bringt es auf den Punkt: ein Mensch ohne soziale Beziehungen und Bindungen kann nicht Mensch sein. Diese Beziehungen und Bindungen sind es, die uns den Spaß, die Freude am Leben geben. In unserer heutigen, schnelllebigen, gehetzten Welt scheitern soziale Beziehungen jedoch oft am Faktor „Zeit". Sicher ist es Ihnen auch schon einmal so ergangen, dass Sie eine Verabredung mit einem Freund wegen Zeitmangels abgesagt haben. Das sollte eher die Ausnahme bleiben. Ich erzähle Ihnen eine Geschichte von meinem Vater: Mein Vater hatte einen sehr guten Freund, einen ehemaligen Arbeitskollegen. Die beiden Männer hatten eine tiefe, ehrliche Freundschaft, unternahmen viel miteinander und trafen sich, so oft es die Arbeit und die Familie etc. zuließen. Der Freund meines Vaters war ein paar Jahre älter als mein Vater, folglich ging er früher in Rente. Ab dem Zeitpunkt seines Renteneintritts hatte der Freund dann immer weniger Zeit für meinen Vater, ein weitverbreitetes Phänomen, dass vor allem Rentner betrifft, sie haben einfach nicht mehr so viel Zeit, wie damals, als sie noch zur Arbeit gingen. Als mein Vater dann eines Tages wieder bei seinem Freund anrief und um ein Treffen bat, hatte dieser wieder keine Zeit und meinte, dass die beiden sich nächste Woche einmal auf ein Bier treffen könnten. Er versprach es meinem Vater ganz fest. In der nächsten Woche wartete mein Vater dann, dass der Freund sich melden würde und man sich treffen konnte. Die halbe Woche war schnell verstrichen, doch der Freund meldete sich nicht. Mein Vater ging davon aus, dass er es schlichtweg vergessen hatte. Gegen seine Überzeugung rief schließlich er beim Freund an. Seine Frau ging nach einer gefühlten Ewigkeit dann ans Telefon und ihre Stimme klang total verweint. Mein Vater fragte nach, was denn los sei. Da brach die Frau komplett zusammen und unter Weinen und Schluchzen kam dann heraus, dass der Freund einen Tag nach dem letzten Telefonat an einem schweren Herzinfarkt gestorben ist. Die beiden haben sich persönlich nicht mehr gesehen.

Dies hat meinem Vater sehr zu schaffen gemacht und als er dann schließlich in Rente ging, da sagte er zur Familie und seinen Freunden, dass ihm so etwas nicht passieren würde. Wenn bei ihm einer seiner Lieben anrufen würde und um ein Treffen bitten würde, dann hätte er immer Zeit. Egal, was sonst anstehen würde, er würde sich die Zeit nehmen.

An diesen Ausspruch hält er sich bis heute, immer, wenn ich ihn anrufe und ihm sage, dass ich heute zu ihm kommen möchte, hat er Zeit für mich.

Mit dieser kleinen Geschichte möchte ich Ihnen nur zeigen, wie schnell alles vorbei sein kann. Nehmen Sie sich Zeit für ihre Liebsten, verschieben Sie Verabredungen nur aus sehr wichtigen Gründen, pflegen Sie ihre sozialen Kontakte. Die Zeit, welche uns Menschen hier auf der Erde vergönnt ist, die ist so schnell verbraucht und dann kann nichts mehr wiederholt werden. Treffen Sie sich so oft es ihnen möglich ist mit Ihren Freunden, mit Ihrer Familie. Genießen Sie diese Zeit, denn Sie können unglaublich viel positives und damit Gefühle des Glücks, aus diesen Treffen ziehen und es bringt Sie der Zufriedenheit mit jedem Treffen ein Stück näher.

Gerne können Sie sich hierfür einen bestimmten Tag in der Woche aussuchen. An diesem Nachmittag sind Sie dann nur für Ihre Freunde und die Familie da. Schalten Sie ihr Handy dafür aus und konzentrieren Sie sich ganz auf diese Treffen, Sie werden bald spüren, wie Sie neue Kraft daraus schöpfen können.

- *Glücklicher werden:* manche Menschen scheinen das „Glück gepachtet" zu haben. Ihnen scheint alles zu gelingen, sie sind schön und erfolgreich. Oftmals sagt man ja auch: „Er wurde unter einem günstigen Stern geboren." Ist da wirklich was dran? Ist das Sternzeichen oder so etwas dafür verantwortlich, dass wir glücklich oder unglücklich sind?

  Nicht unbedingt die Sterne, doch es gibt einen Zusammenhang mit dem Erbgut. Grundsätzlich wird Glück in drei verschiedene Formen unterteilt: die momentane, jetzt gerade vorherrschende Zufriedenheit, unsere Grundstimmung und natürlich unsere Erwartung an das Glück in der Zukunft. Und genau diese Grundstimmung ist bei uns Menschen genetisch veranlagt. Diejenigen unter Ihnen, welche diese positive Veranlagung vererbt bekamen, der ist einfach glücklicher, als jemand ohne diese Anlagen. Doch- keine Panik! Sein derzeitiges Empfinden von Zufriedenheit und auch das zukünftige Glück kann man verändern und beeinflussen. Dazu bedarf es nur ein kleines bisschen Selbstarbeit.

Dieses sogenannte „Glücksgen" trägt den unscheinbaren Namen SLC6A4. Es ist für die Weiterleitung des Serotonins (das macht uns entspannt und schenkt uns gute Laune) in unseren Zellen verantwortlich.

- *Das halbvolle Glas:* wie ist das bei Ihnen? Sind Sie eher Optimist als Pessimist? Ist Ihr Glas halbvoll oder halbleer? Positives Denken und der Wille, etwas zu erreichen, können Menschen dazu bringen, schier Unmögliches zu bewältigen.

In diesem Zusammenhang fällt mir immer die Geschichte aus meiner Kindheit ein, die sich so ungeheuer in mein Gedächtnis gebrannt hat, da ich sie zu diesem Zeitpunkt, als ich sie hörte, als unglaublich empfand. Ich dürfte so um die zehn Jahre alt gewesen sein. In den Nachrichten kam die Meldung, dass es in Italien, in einer Bergregion, einen sehr massiven Gesteinsabgang gegeben hatte. Ein Dorf wurde teilweise verschüttet, von der Außenwelt abgeschnitten. Eine Mutter und ihre kleine Tochter wurden in ihrem Auto von den Massen überrascht und verschüttet. Die Mutter konnte sich im letzten Augenblick aus dem Wagen befreien, doch ihre kleine Tochter lag, eingeklemmt und verletzt, noch in dem Fahrzeugwrack und weinte furchtbar.

Die Umstehenden konnten dann beobachten, wie die Mutter zu dem zerbeulten und teilweise von Steinen bedeckten Schrotthaufen ging, der einmal ihr Auto war, und wie diese Frau das Auto, Zentimeter um Zentimeter, angehoben hat, so dass ihre kleine Tochter aus dem Wrack heraus klettern konnte. Dem Kind und der Frau ging es gut, eine Erklärung, woher diese Frau solch wahnsinnige Kräfte nahm, gab es viele. Mutterliebe, der pure Wille das Überleben des Kindes zu sichern, Liebe, Willenskraft, Hormone...... Vermutlich war es eine Kombination aus allen diesen Faktoren, dass der Frau diese Kräfte verlieh und sie ihr Kind retten ließ.

Was ich Ihnen damit sagen möchte ist einfach, dass die Macht unserer Gedanken und unserer Wünsche unglaublich machtvoll ist. Wie heißt es doch bereits in der Bibel so schön: „Der Glaube versetzt Berge!"

- *Materielles macht nicht glücklich:* besitzen Sie auch schon das allerneueste Smartphone, das außer bügeln eigentlich alles kann? Sind Sie glücklich darüber? Weil Sie stolz sind, dass Sie es sich leisten konnten, oder? Nun, dann legen Sie Ihren Fokus wahrscheinlich eher auf materielle Werte. Da sind Sie in sehr guter Gesellschaft, denn der überwiegende Teil der Deutschen denkt so bzw. ist so fokussiert. Doch was ist, wenn nächsten Monat das neue Modell ihres derzeitigen Handys herauskommt? Sind Sie dann unglücklich, weil Sie es nicht schon haben? Was ich damit sagen will, ist, dass materielles uns nicht auf Dauer glücklich oder glücklicher macht. Die Freude darüber verfliegt schnell, es muss etwas Neues her, um dieses Gefühl wieder zu erleben. Das ist wie in einem Hamsterrad, Sie rennen und rennen, doch Sie kommen niemals irgendwo an. Wer sich an immer neue materielle Dinge klammert, der gewöhnt sich zudem rasch daran und empfindet nicht mehr so viel Freude darüber.

Was ist also der bessere Weg zu mehr Glück und Zufriedenheit? Da kann ich ihnen einen Tipp geben!

Investieren Sie ab jetzt in Momente, in Erfahrungen und Erlebnisse! Das können Dinge wie Reisen, Besuche von unbekannten Orten, wöchentliche Treffen mit Freunden im Kino, Sport treiben, Besuche des Freizeitparks etc. sein. Diese Aktivitäten verschaffen Ihnen Erinnerungen, welche Ihre Persönlichkeit beeinflussen, ja, prägen. Je mehr Sie für solche Erlebnisse und Erfahrungen in Ihrem Leben sorgen, desto flexibler und auch reifer werden Sie. Suchen Sie mehr solche Momente für sich, suchen Sie sich Dinge, welche Sie interessieren und erfüllen. Hören Sie auf mit dem ständigen Vergleichen, wir brauchen nicht immer das Neuste und Beste, so wie es uns die Werbung gerne einredet, fokussieren Sie sich auf die Dinge, die Ihnen persönlich etwas bringen.

- *Gesundheit und ein langes Leben:* solange wir gesund sind und alles in Balance ist, ist es nicht schwer, glücklich zu sein oder sich wohlzufühlen. Gerät jedoch erst einmal die Gesundheit außer Kontrolle und wir plagen uns mit allerhand Zipperlein herum, dann ist es mit dem Glücklichsein nicht mehr weit her. Vor allem wenn Sie häufig von Infektionskrankheiten heimgesucht werden, sollten Sie sich um Ihr geistiges Wohlbefinden in gleichem Umfang kümmern. Glückliche Menschen haben einfach eine bessere Konstitution, da Lachen die Produktion vieler körpereigenes Substanzen fördert. Darunter Hormone, welche etwa stressmildernd wirken und uns Schmerzen besser ertragen lassen.

Versuchen Sie, liebe Leser, so oft wie möglich schöne Dinge zu erleben. Versuchen Sie, sich Ihre Gesundheit zu erhalten und sie zu stärken, treiben Sie Sport. Gehen Sie jeden Tag spazieren, halten Sie sich Zeit für Ihre Lieben frei und leben Sie ein selbstbestimmtes, zufriedenes Leben. Was Sie selbst zum Erreichen Selbigem tun können, das haben Sie eben erfahren. Setzen Sie es in ihrem Alltag um und Sie werden schon bald bemerken, wie sich die Dinge ins Positive wenden. Vertrauen Sie mir!

Das Glück und die Arbeit

Gehen Sie arbeiten um zu leben, oder leben Sie um zum arbeiten? Nur ein ganz kleiner, feiner sprachlicher Unterschied und der macht doch so einen ungeheuren Unterschied! Der eine Fall bezieht sich darauf, dass man nun einmal Geld braucht, um Leben zu können, der andere deutet darauf hin, dass man, außer Arbeit, kein weiteres Leben hat. Zu welcher Kategorie zählen Sie? Sehen Sie Arbeit als „lästige Übel", welches einem die ganze Freizeit verdirbt oder leben Sie für ihren Job?

Natürlich steht außer Frage, dass berufliche Erfüllung auch zum Glücklichsein beiträgt, doch wenn der Fokus nur noch auf die Arbeit gerichtet ist, was wird dann aus dem Leben, aus der Familie und aus den so wichtigen sozialen Beziehungen? Richtig, die bleiben auf der Strecke und verkümmern.

Der Professor für Volkswirtschaftslehre, Johannes Hirata, Hochschule Osnabrück, stellt mit seiner Forderung eine gewagte These auf: er vertritt die Meinung, dass Menschen in Vollzeitbeschäftigung weniger arbeiten sollten. Eine 30-Stunden-Woche, so sagt er, würde diesen Menschen guttun. So bliebe mehr Zeit für die Familie, für soziale Kontakte und wir würden die täglich mehr werdenden Leistungsanforderungen des Lebens einfach besser meistern können und würden so den Stress minimieren können.

Eine sehr gewagte These, in Zeiten, in denen so mancher sowieso schon um seinen Arbeitsplatz fürchtet und wo der gesetzliche Mindestlohn gerade einmal 9,19 Euro in der Stunde beträgt.

Das Glück und die Ernährung

Dass die richtige Ernährung einen wesentlichen Einfluss auf unser Wohlbefinden hat, das ist schon lange bekannt. Und die meisten von Ihnen können das sicher bestätigen: nach einem üppigen, leckeren Mahl fühlen wir uns rundherum zufrieden. Zwar zwickt der Hosenbund, aber da wir alle uns ja eh vorgenommen haben, ab jetzt jeden Tag Sport zu treiben, ist dieser Umstand kein Grund zur Sorge. Unsere Geschmacksknospen sind zufrieden, der Bauch ist gut gefüllt, wir werden etwas schläfrig. Kurzum: wir fühlen uns entspannt, fühlen uns wohl und gesättigt. Ernährung bzw. Nahrung ist ein essentielles Grundbedürfnis von uns Menschen, also kann man nun daraus schließen, dass essen uns glücklich macht, den Wohlfühlfaktor anhebt.

Aber wie sieht es mit der Nahrung selbst aus? Gibt es wirklich das Essen, dass uns bessere Laune bekommen lässt? Viele von Ihnen denken nun sicherlich sofort an die Schokolade, so wie ich auch. Schokolade wird ja eine stimmungsaufhellende Wirkung nachgesagt. Die Trostschokolade, wer kennt Sie nicht? Wenn wir uns als Kind verletzt oder Angst vor etwas hatten, was hat dann die Mama für einen gemacht? Genau, eine große Tasse heiße Schokolade. Noch heute, Jahre nachdem ich meine letzte Tasse heiße Schokolade getrunken habe, löst der Geruch davon in mir ein Wohlgefühl aus. Ich denke dann immer für einen kurzen Moment, dass ich wieder das 5-jährige Mädchen bin, dass sich die Knie blutig geschlagen hat und gleich kommt Mama aus der Küche mit der dampfenden Tasse in der Hand. Daran können Sie die Stärke der Erinnerung erkennen, dies wird auch der Pawlowsche Reflex genannt, für alle, die diesen Fakt bei Google nachschauen wollen.

Nun wenden wir uns wieder den Nahrungsmitteln zu, die uns beim Verzehren glücklich machen sollen.

Bisher ging ich immer davon aus, dass es sie tatsächlich gibt, die Lebensmittel, die uns beim Essen glücklich machen. So galten Nüsse, Schokolade, Bananen und die ganzen anderen, angeblich, glücklichmachenden Lebensmittel als das schnelle Wundermittel, um die Stimmung zu heben.

Diese Meinung hat der führende Ernährungswissenschaftler, Dr. Thomas Ellrot, Leiter der Ernährungspsychologischen Forschungsstelle der Uni Göttingen, nun widerlegt. Er fand heraus, dass nicht die Lebensmittel selbst uns beim Verzehr glücklich machen, sondern dass hier eher die psychologische Komponente eine große Rolle spielt.

Im Zusammenhang mit „Happy Food" ist immer wieder die Rede von Serotonin. So werden Nüssen, Bananen, Tomaten oder Datteln ein erhöhter Serotonin-Gehalt nachgesagt. Folglich bräuchten wir diese Lebensmittel nur zu verspeisen und schon hebe sich unsere Stimmung und schlechte Laune wäre einfach „weggegessen".

Liebe Leser, wäre das nicht wunderbar?

Serotonin bzw. der Serotoninspiegel steht tatsächlich im Zusammenhang mit Depressionen. Bei dieser Erkrankung ist er nämlich stark gesenkt. Serotonin, ein Botenstoff der

Nervenzellen, wird im Körper vorwiegend selbst hergestellt. Serotonin regelt im Körper die Darmbewegungen, daher ist es auch hauptsächlich (95%) im Darm zu finden.

Tatsächlich ist in manchen Lebensmitteln Serotonin zu finden, jedoch in solch einem geringen Maße, dass es keinen Einfluss auf unseren Körper hat. Auch müsste das aufgenommene Serotonin, um wirksam zu sein, im Gehirn ankommen und nicht im Darm. Dort, im Gehirn, kommt es aber nicht an, da die Blut-Hirn-Schranke, eine körpereigene „Schutzmauer" des Gehirns gegen schädliche Einflüsse von außen, über eine Filtrierung verfügt und die meisten Stoffe schon vor der Passage des Gehirns aussondert. Hauptsächlich durchdringen diese Passage nur Wasser, Zucker und einige Aminosäuren. Serotonin jedoch wird abgewiesen: „Du kommst hier nicht rein!"

Der Stein der Weisen soll hier das Tryptophan sein. Die Aminosäure Tryptophan ist der Ausgangsstoff für Serotonin. Sein Vorkommen hat der Eiweißbaustein folglich in eiweißhaltigen Lebensmitteln wie etwa Fleisch und in allen Milchprodukten. Tryptophan kann die Blut-Hirn-Schranke passieren und die Zellen im Gehirn können daraus ihr eigenes Serotonin herstellen. Möchten Sie gerne mehr Tryptophan zu sich nehmen, so greifen Sie etwa zu Datteln oder essen Sie eiweißreiche Lebensmittel, am besten in Kombination mit Zucker. Zucker fördert die Aufnahme der Aminosäure Tryptophan in unserem Gehirn.

Nun stopfen Sie ich aber nicht gleich mit jeder Menge

Datteln voll, denn auch hier gibt es einen Haken bei der Sache! Um die positiven Wirkungen von Tryptophan zu erreichen, muss es von den Zellen erst umgewandelt werden. Dies geschieht nicht über Nacht, es braucht Zeit dafür. Und die Produktion von Tryptophan beginnt nicht dann, wenn wir das gerne möchten, sondern sie beginnt, wenn mehrere Umstände zusammenkommen. So sind etwa die Tageszeit, Bewegung, Licht und Hormone an der Produktion von Tryptophan beteiligt. Jedoch sehen Forscher im Verzehr von tryptophanhaltigen Lebensmitteln nicht der Weisheit letzten Schluss, dazu ist der Anteil, den wir tatsächlich aufnehmen können, viel zu gering. Möchten Sie aber die positiven Eigenschaften des Tryptophan für sich nutzen, so kann dies nur über entsprechende Nahrungsergänzungsmittel geschehen.

Unbestreitbar löst Essen aber etwas in uns aus. Dr. Ellrot sieht hier aber einen anderen Zusammenhang. Er geht davon aus, dass wir Menschen ein bestimmtes Lebensmittel oder eine Speise eine besondere, positive Belegung zuschreiben. Wir verknüpfen dieses Lebensmittel mit guten Gefühlen. Immer, wenn wir in Folge nun dieses Lebensmittel verspeisen, können wir diese positiven Gefühle dann wieder abrufen. Wir meinen, das Lebensmittel selbst ruft diese Empfindungen aus. Dies ist eher als glücklichmachend in diesem Zusammenhang zu sehen, nicht das Lebensmittel per se. Und hier ist auch nicht mehr das Serotonin der Stoff zur Glückseligkeit, sondern eher das Dopamin in unserem Belohnungszentrum.

Warum fühlen wir uns dann aber trotzdem glücklich,

wenn wir Schokolade essen? Hier spielt eine große Rolle, ob derjenige, der die Schokolade isst, sie auch liebt. Wenn der Esser die Schokolade, ihre Süße, den zarten Schmelz und das leckere Aroma mag und die Schokolade vielleicht immer in bestimmten Situationen verzehrt hat, dann erhält sie einen besonderen, emotionalen Stellenwert und dieser Effekt wird dann im Gehirn, im Belohnungszentrum, abgespeichert. Wird in Folge dessen nun wieder zur Schokolade gegriffen, dann reagiert das Gehirn mit der Ausschüttung von Dopamin. In der Schokolade selbst finden sich weder Serotonin, noch Dopamin.

Dass wir Menschen gerne zu kalorienreichen, fetten und zuckerhaltigen Speisen greifen, liegt in unserer Evolution begründet, sicherte es den frühen Menschen doch das Überleben.

Wie sieht ihr Bild von sich selbst aus?

Was denken Sie über sich selbst? Wie sieht es mit Ihrer Selbstliebe aus? Gehen Sie öfters hart mit sich ins Gericht? Oder kennen Sie so etwas überhaupt nicht?

Viele Krankheiten, psychische, körperliche und emotionale resultieren aus einem schlechten Selbstbild, dass wir von uns haben. Negative Gefühle sind immer ein Zeichen, das „etwas mit uns nicht stimmt", wir uns von uns selbst entfernen, ja, mit der Zeit sogar entfremden.

Dabei liegen die Ursachen von einem falschen Selbstbild meist sehr tief. Als Kinder erhielten wir von unseren Eltern vielleicht nicht die Liebe, Aufmerksamkeit und Geborgenheit, welche wir aber gebraucht hätten. Unser kindlicher Verstand sagte uns dann, dass es ja nur an uns liegen kann, dass wir nicht geliebt werden, keine Aufmerksamkeit und Geborgenheit erhalten. Auch kann es sein, dass uns unsere Eltern mit weiteren, falschen Glaubenssätzen geprägt habe. Haben Sie vielleicht als Kind häufiger Dinge gehört wie: „Das kannst du nicht", oder auch: „Du bist dafür zu klein"? Diese falschen Glaubenssätze haben sich das ganze Leben in ihrem Kopf festgesetzt, so dass Sie, ob Sie wollen oder nicht, Sie geprägt und ihr Leben bestimmt haben.

Kleines Beispiel gefällig? Okay, eine weitere Geschichte aus meinem Leben: mein ganzes Leben lang hatte ich immer große Schwierigkeiten in Geografie. Wo welches Land liegt und an welches Nachbarland es grenzt, selbst wenn ich mir die Nächte um die Ohren geschlagen haben, habe ich es einfach nicht in meinen Kopf gekriegt. Meinen Mitschülern und meinem Umfeld schien dies jedoch überhaupt keine Probleme zu machen, sie beherrschten diese Dinge aus den FF. Ich jedoch war stets die Versagerin auf diesem Gebiet und wusste nie, warum das so ist.

Nachdem ich mich nun sehr viel mit Persönlichkeitsentwicklung und der Psyche des Menschen beschäftigt habe, bin ich hinter das Geheimnis gekommen.

Ich hatte tatsächlich Probleme damit, mir dieses ganze Geografie-Zeugs zu merken bzw. in meinen Kopf zu kriegen. Mein damaliger Lehrer hat diesen Umstand natürlich sehr bald bemerkt. Doch, anstatt mich zu unterstützen, zu fördern und mir helfend unter die Arme zu greifen, hat er immer so Dinge gesagt wie: „Du hast keine Ahnung von Geografie", oder „Geografie liegt dir einfach nicht". Diese Sätze, da ich sie ständig gehört habe, haben mich geprägt. Sie sind sozusagen mein unfreiwilliges Mantra geworden. So sehr ich mich auch bemühte, Geografie blieb für mich ein Buch mit sieben Siegeln, da hat mein Lehrer schon dafür gesorgt.

Erst heute, kann ich mir die Erde vorstellen. Nun weiß ich in etwa, wo diese Länder alle liegen und welche Nachbarstaaten sie haben. Stück für Stück habe ich es mir beigebracht, doch es war ein langer Weg.

Anhand dieser Geschichte können Sie sehr gut erkennen, was falsche Glaubenssätze in uns Menschen anrichten können.

Natürlich werden diese falschen Glaubenssätze von vielen

Menschen, auch als eine Art „Schutzschild" eingesetzt. Was die Sache fatal werden lässt ist, wenn dann in späteren Jahren diese Glaubenssätze nicht korrigiert, nicht geändert werden. Unweigerlich kommt es dann zu einem schlechten Selbstbild, man macht sich und seine vermeintlichen Unzulänglichkeiten, für das eigene Scheitern im Leben verantwortlich. Wir verfallen in Verhaltensweisen, welche uns eigentlich gar nicht entsprechen, die falschen Glaubenssätze bestimmen und beherrschen fortan unser Leben.

Befreien Sie sich aus diesem zerstörerischen Teufelskreis! Durchbrechen Sie falsche Glaubenssätze, entfliehen Sie ihnen!

Hier werde ich ihnen nun ein paar Punkte aufzählen. Beobachten Sie sich beim Lesen der nun folgenden Zeilen ganz genau. Spüren Sie bei dem einen oder anderen Punkt einen gewissen Widerstand in sich, dann wissen Sie, dass hier Handlungsbedarf besteht. Diesen Faktor sollten Sie dann ganz genau beleuchten und beachten, da Sie hieran arbeiten müssen, um Veränderung zu erreichen. Doch, schauen Sie selbst, wo bei Ihnen das eine oder andere Defizit liegt.

1. **Verzeihen:** dies ist ein ganz wichtiger, zentraler Punkt. Mit verzeihen ist hier aber nicht nur gemeint, dass wir anderen verzeihen können. Vielmehr müssen wir, im Sinne der Selbstliebe, wieder lernen, uns selbst zu verzeihen. Oftmals passiert es uns Menschen, dass wir unsere eigenen Fehler und Unzulänglichkeiten höher bewerten, als die

unliebsamen Charaktereigenschaften des Gegenübers oder dem Umfeld. Dieses Handeln jedoch macht uns blind und wir können uns selbst nicht mehr verzeihen. Dies gipfelt dann in Selbstvorwürfen und Schuldgefühlen.

Manchmal jedoch klassifizieren wir andere Menschen eher hart und sehen dabei einfach über die Tatsache hinweg, dass jeder Mensch eben nicht nur Stärken hat, sondern auch Schwächen, so wie wir auch beides in uns vereinigt haben. Meist haben wir sogar genau die Schwächen, welche wir bei anderen so vehement kritisieren.

Urteilen wir also über andere, so urteilen wir über uns selbst. Deshalb mein Rat: bevor Sie wieder andere wegen ihres Verhaltens, Denkens und Fühlens verurteilen, schauen Sie sich zuerst sich selbst genauer an. Oftmals sind es genau die Dinge, die uns am Gegenüber stören, die uns selbst betreffen.

Abhilfe schafft hier nur, dass Sie sich selbst wieder als das sehen, was Sie sind und dadurch in der Lage sind, anderen großmütig zu verzeihen. Der positive Nebeneffekt hierbei ist, dass Sie dadurch auch sich selbst wieder verzeihen können.

Wenn Sie jedoch einfach nicht verzeihen können, dann kann das ernsthafte, sogar körperliche Beeinträchtigungen, Bluthochdruck etwa, nach sich ziehen.

2. **Positive Grundeinstellung:** alles was uns geschieht, geschieht aus einem bestimmten, guten Grund. Auch

wenn Sie das in mancher Situation nicht gleich so sehen können. Probieren Sie aber, auch diese unerfreulichen Faktoren anzunehmen und versuchen Sie, sich darauf zu verlassen, dass sie ihren Sinn haben. Dieser kann von Ihnen gleich bemerkt werden oder sich aber auch sehr viel später, nach dem Ereignis erst manifestieren.

Lassen Sie sich nicht mehr von Dingen verunsichern, haben Sie Vertrauen darauf, dass das Universum in ihrem Sinne handeln wird und das vermeintlich Schlechte in etwas Gutes verwandelt.

Bei der Recherche zu diesem Buch habe ich im Netz eine schöne Geschichte dazu gefunden. Diese möchte ich Ihnen nicht vorenthalten. Es ist ein kleiner Ausschnitt aus einer alten chinesischen Geschichte.

Der Sohn eines älteren Bauers fiel vom Pferd und brach sich dabei das Bein. Alle Dorfbewohner zeigten sich mitleidig mit dem alten Bauern. Sie sagten: „Oh, du armer Mann! Dein einziger Sohn kann dir nun nicht mehr bei der Arbeit helfen! Der alte Bauer jedoch schüttelte nur den Kopf und sagte zu den Umstehenden: „Sagt so etwas nicht! Man weiß in einem Leben nie, was Glück und was Pech ist!"

Kurz nach diesem Ereignis brach dann der Krieg aus. Alle jungen Männer wurden eingezogen, lediglich der Sohn des alten Bauern wurde vom Kriegsdienst verschont, da er noch nicht gesund genug war.

Diese Geschichte soll Ihnen verdeutlichen, dass alles seinen Zweck hat. Jedes Ereignis, Unglück oder auch Nachricht hat eine gute und eine schlechte Seite.

Dinge, welche für etwas gut sind, sind für das Andere schlecht und umgekehrt.

Falls ihnen wieder einmal vermeintliches Unglück widerfährt, so versinken Sie nicht gleich in Selbstzweifeln und Schuldzuweisungen, lassen Sie lieber die Zeit für sich arbeiten. Bei mir hat es auch fast ein halbes Jahr gedauert, bis ich den Sinn in allem feststellen konnte. Doch nun weiß ich, dass meine Mama, von dort oben, wo sie nun ohne Zweifel ist, die Dinge für mich geregelt hat. Ich bin der festen Überzeugung, dass unsere Verstorbenen von irgendwoher über uns wachen. Droht uns Unheil, so können sie helfend eingreifen.

3. **Die Verantwortung für sich übernehmen:** auch Eigenverantwortung genannt. Ich denke, Sie können sich sehr gut vorstellen, was Eigenverantwortung bedeutet. Genau, die Verantwortung für sich zu übernehmen, für das eigene Handeln, Denken und Fühlen, mit allen Konsequenzen, die sich daraus vielleicht ergeben könnten.

Kein anderer Mensch auf dieser Welt ist schuld daran, wie Sie sich gerade fühlen. In einem solchen Fall gibt es keinen Schuldigen.

Ich habe die Verantwortung übernommen, für mich und meine Lieben und habe eben nach einem Ausweg gesucht und einen wunderbaren gefunden, nach einem Plan B.

So ist es in Ihrem Leben auch. Sie müssen nicht alles akzeptieren und alles hinnehmen, Sie können sich immer frei entscheiden, für oder gegen etwas oder jemanden. Nur Sie haben es in der Hand, wie Ihr Leben verläuft, Sie bestimmen das Drehbuch.

Fühlen Sie sich vielleicht zu Unrecht von einer Person kritisiert? Dann hinterfragen Sie sich einmal ganz genau: kann es nicht sein, dass diese Kritik genau ins Schwarze getroffen hat? Wenn Sie ganz tief in sich hören, ist da nicht diese Stimme, die Gesagtem eigentlich zustimmt? Dann sollten Sie der Kritik äußernden Person eigentlich dankbar sein! Denn durch diese Kritik können Sie an sich arbeiten und ihre falschen Glaubenssätze so, Schritt für Schritt, ablegen. An Kritik wächst und reift der Mensch. Keinesfalls sollten Sie Kritik auf sich und ihre Person beziehen. Das würde Sie über kurz oder lang in tiefe Verzweiflung stürzen und wäre dabei doch so sinnlos. Anders sieht das natürlich aus, wenn jemand Ihnen mit seiner Kritik absichtlich weh tun möchte. Vielleicht ist Ihnen ja genau das auch schon einmal passiert und Sie haben eine andere Person abgewertet oder wollten ihr durch Kritik schaden.

Das lassen Sie in Zukunft lieber bleiben, denn ohne den ausdrücklichen Wunsch sollten Sie gar niemandem mit ihren gutgemeinten Ratschlägen und Kritiken belegen. Bevor Sie nach dem Unkraut in Nachbars Garten schauen, rupfen Sie doch erst ihr eigenes aus! Nehmen Sie Ihr Leben in Ihre eigenen Hände und stehen Sie eigenverantwortlich für Ihr Denken und Handeln.

Stehen Sie zu Ihren Schwächen und Fehlern, denn

jeder Mensch hat sie. Keiner gibt es zwar gerne zu, doch, wo Licht, da auch Schatten. Akzeptieren Sie diesen Umstand und nehmen sie ihn für sich an. Das bringt Sie wieder ein Stück näher an Ihr persönliches Glück, seien Sie gewiss!

4. **Setzen Sie Grenzen:** sind Sie auch ein Mensch, der sich für andere aufopfert? Ist für Sie Geben seliger als Nehmen? Dann sind Sie genauso gutmütig wie ich. Um anderen zu helfen würde ich alles in Bewegung setzen, dabei vergesse ich gerne meine eigenen Bedürfnisse. Aber wissen Sie, was das Schlimme daran ist, wenn man diese Charaktereigenschaft hat? Man wird leicht und gerne von anderen ausgenutzt. Um anderen einen Gefallen zu tun, verbiegen wir uns, nur damit das Gegenüber nicht sauer mit uns ist oder uns weiterhin gut gewogen ist.

Diese Eigenart ist per se nichts schlechtes, nur wenn die eigenen Belange, das eigene Leben auf der Strecke bleiben, dann läuft etwas falsch. Verstehen Sie mich nicht falsch, ich finde es klasse, wenn Menschen einander helfen. Wenn aber die Hilfe immer nur von einer Partei ausgeht, dann ist das ausnutzen. Ich möchte Ihnen zu diesem Thema die Geschichte meiner Freundin Jule erzählen: Sie meldete ihre Tochter beim Ballettunterricht an. Die Kleine hatte mächtig Spaß daran, ging immer mit sehr viel Freude zum Training. Jule fuhr die Tochter natürlich immer dort hin. Nach einigen Wochen freundete sie sich mit der Mutter einer anderen

Ballettschülerin an, sie heißt Bianca. Nach ein paar Sätzen kamen die beiden darauf, dass sie ja gar nicht weit voneinander weg wohnten. Dieser Umstand ließ die beiden beschließen, dass sie die Kinder im wöchentlichen Wechsel zur Ballettstunde fahren könnten. Gesagt, Getan. Fortan wechselten sich die Mütter mit dem Taxidienst ab. Eines Tages, etwa 2 Stunden vor Trainingsbeginn, rief Bianca bei meiner Freundin an und sagte, sie könne die Mädchen heute leider nicht fahren, ihr sei ein Zahn abgebrochen und sie könne gleich zum Zahnarzt kommen und es behandeln lassen. Meine Freundin sagte, das wäre gar kein Problem, sie würde die Mädchen fahren. Dann lief alles wieder eine zeitlang wie besprochen, bis Bianca dann in regelmäßigen Abständen immer ganz wichtige, nicht aufzuschiebende Termine genau an den Trainingstagen hatte. Jule, gutgläubig, wie ich auch, schöpfte natürlich keinen Verdacht und fuhr immer schön brav zum Ballett mit den Mädels. Zwar schimpfte sie manchmal über Bianca bei mir, doch sie ging der Sache nicht auf den Grund bzw. sie glaubte ihr. Ich war es schließlich, die es nicht mehr mit ansehen konnte. Ich bohrte etwas bei meiner Freundin und säte so einen Funken des Misstrauens, groß genug aber, um die ominösen Termine von Bianca endlich zu ergründen. Der nächste Trainingstag stand an und sie wäre an der Reihe gewesen zu fahren, doch wie fast immer in letzter Zeit, wälzte sie es auf Jule ab.

Was aber Bianca nicht wusste war, dass ich an diesem

Tag die Mädchen fahren würde. Meine Freundin wollte sie „beschatten", um zu sehen, ob diese wirklich einen wichtigen Termin hatte. Jule fuhr also mit meinem Wagen zum Haus von Bianca und parkte auf der anderen Straßenseite. Sie wartete und wartete, doch sie verließ weder im Auto das Haus, noch zu Fuß. Da fasste sich meine Freundin ein Herz und ging um das Grundstück herum und spähte durch die mannshohen Büsche in deren Garten. Und was soll ich ihnen sagen? Da hat es sich Bianca auf ihrem Liegestuhl am Pool bequem gemacht und las entspannt ein Buch. Nach einem wichtigen Termin sah das nicht aus! Und soll ich Ihnen noch was sagen? Jule stellte sie nicht einmal zur Rede! Sie wolle kein Aufsehen erregen, keinen Ärger verursachen, sagte meine Freundin nur dazu. Ich verstand die Welt nicht mehr! Doch das sollte noch lange nicht alles gewesen sein, denn Bianca, die war noch viel dreister, als meine Freundin und ich gedacht haben. Nachdem Jule Bianca keine klare Ansage, eigentlich gar keine, nicht einmal eine unklare, gemacht hatte, war diese sich natürlich keiner Schuld bewusst.

Sie fragte daher eines Tages meine Freundin, ob diese ihr bei der Bewirtung einer befreundeten Musikband helfen könne. Bianca war in einem Musikverein und da würden zu einem Gartenfest ein paar der Musiker anreisen. Es würden aber nicht mehr als etwa 10 Personen werden und Jule bräuchte auch nur etwas unterstützend zur Hand gehen. Meine Freundin, ging also auf die Bitte ein.

Um es abzukürzen. Das Ende des Lieds war, dass Jule etwa 20 Personen bei sich zuhause einquartieren musste und diesen nicht nur ein Bett und das Badezimmer zur Verfügung stellen musste, nein, sie musste morgens auch noch das Frühstück servieren. Auf den Kosten ist sie natürlich sitzen geblieben.

Damit es Ihnen nicht so ergeht, wie meiner Freundin, müssen Sie lernen, andere klar und deutlich in ihre Schranken zu verweisen. Das hat nichts mit hartherzig zu tun, das hat eher etwas mit Selbstschutz zu tun. Natürlich fällt einem ein klares „Nein" nicht immer leicht, aber mal ehrlich, liebe Leser, wie lange wollen Sie sich noch für andere aufopfern? Wie lange wollen Sie noch auf **IHR LEBEN** verzichten?

Ich sage es Ihnen: gar nicht mehr, denn ab sofort werden Sie lernen, sich ganz klar und unmissverständlich abzugrenzen. Dabei muss ein „Nein" nicht böse gesagt werden, nur bestimmt. Lassen Sie andere nicht mehr über sich verfügen! Sie sind auch jemand und Sie haben auch ein Leben! Teilen Sie das dem Anderen mit, wenn er ihre Ablehnung nicht verstehen kann, da Sie ja sonst immer und zu allem „Ja" gesagt haben. Doch diese Zeiten sind nun vorbei, denn Sie starten ab jetzt in ein neues, selbstbestimmtes Leben!

Wie gesagt, verstehen Sie mich nicht falsch, ich möchte Ihnen nicht „verbieten" anderen Menschen zu helfen. Wenn Sie dabei ein gutes Gefühl haben und der Bittende seinen Wunsch „anständig" herüberbringt, Ihnen vielleicht auch schon einmal den ein oder anderen

Gefallen getan hat, dann sollen Sie natürlich helfen, wenn es Ihnen möglich ist.

Fordert jemand aber immer nur, vielleicht noch recht unverschämt, gibt niemals zurück und verlangt immer mehr, dann hinterfragen Sie unbedingt Ihr Gefühl zu dieser Sache. Fühlen Sie sich schlecht dabei oder können Sie sich mit der Bitte nicht identifizieren, dann ist hier ein ganz klares „Nein" angebracht.

Und wenn Sie Sorgen darüber haben, dass der Andere jetzt vielleicht „nichts mehr mit Ihnen zu tun haben möchte", so seien Sie beruhigt, wenn dieser Andere tatsächlich ein Freund ist, welcher Sie um ihrer Person Willen mag, dann wird er Verständnis mit Ihnen haben. Ist er jedoch dann „eingeschnappt", dann seien Sie froh, dass Sie den Heuchler endlich los sind. Dieser war nicht an Ihnen als Person interessiert, sondern nur an den Vorteilen, welche er durch Sie erreichen konnte.

Lernen Sie, sich selbst wieder zu lieben

Wissen Sie, wann Sie sie verloren haben, Ihre Selbstliebe? Damit haben Sie sich noch gar nicht beschäftigt? Dann geht es Ihnen so, wie vermutlich Millionen von Deutschen. Die können nämlich mit „Selbstliebe" gar nichts anfangen, folglich wissen Sie auch nicht, ob sie sich selbst lieben.

Selbstliebe hat auch etwas mit Eigenverantwortung zu tun. Die Grundvoraussetzung hierfür ist Ehrlichkeit mit sich selbst, das Erkennen und akzeptieren der eigenen Schwächen und Unzulänglichkeiten, der Bereitwilligkeit sich mit diesen zu beschäftigen und zu verändern.

Plagen Sie vielleicht Schuldgefühle und Sie wissen nicht, warum? Dies kann ein Zeichen sein, dass da noch etwas in ihnen schwelt, dass Sie sich eine Sache nicht vergeben können. Dies könnten etwa Ihre Mutlosigkeit, Ihre Sturheit, Ihre Bequemlichkeit oder auch die Unehrlichkeit sein. Nun neigen wir Menschen ja dazu, gerade diese Schwächen gerne auf andere zu übertragen, es an ihnen „auszulassen". Damit werden sie aber nicht gelöst, das ist der falsche Weg.

Das einzige, was hier hilft, ist die Arbeit mit und an sich selbst. So wird es Ihnen dann möglich sein, wieder ein selbstbestimmtes, eigenverantwortliches Leben zu führen.

Den **Selbstliebe-Test** können Sie ganz leicht und überall durchführen. Er liefert erste Indizien, wie Sie zu sich stehen, wie es um Ihre Selbstliebe bestellt ist. Dabei hat Selbstliebe nichts mit blindem Egoismus zu tun, ganz im Gegenteil, denn, wer sich selbst nicht liebt, wie kann dieser von anderen geliebt werden? Gar nicht! Nur wer sich bedingungslos selbst liebt, kann diese Liebe und Lebensenergie auch an andere weitergeben. Nun zum Selbstliebe Test:

-   *Stellen Sie sich vor einen Spiegel und sagen Sie selbst zu sich:*
    (Name), ich liebe dich!
    Also, wenn Sie Petra heißen, dann sagen Sie: Petra, ich liebe dich! Versuchen Sie es einfach einmal! Was passiert in Ihrem Inneren, wenn Sie diese Worte zu sich sagen? Macht sich irgendein Widerstand bemerkbar? Haben Sie vielleicht sogar Probleme, diesen Satz zu sich zu sagen? Oder geht er Ihnen leicht von den Lippen und Sie fühlen sich wohl dabei? Dann kommt hier die Auflösung:
    1. *Es fällt ihnen leicht, diesen Satz zu sich zu sagen. Gratulation! Sie haben eine gute, gesunde Selbstliebe!*
    2. *Sie spüren massiven, inneren Widerstand oder können diesen Satz sogar gar nicht aussprechen? Dann müssen Sie unbedingt an sich arbeiten, denn um ihre Selbstliebe ist es nicht gut bestellt.*

Um eine gesunde Selbstliebe zu haben, bedarf es drei Grundvoraussetzungen.
Setzen Sie diese Grundvoraussetzungen in Ihrem Alltag um und Sie werden schon bald bemerken, wie sich eine positive Wendung in ihrem Leben einstellt.
Was kann eine gesunde Selbstliebe für Vorteile bringen? Nun, Selbstliebe lässt uns innerlich entspannter, ruhiger werden. Sie lässt uns „resistent" gegen Kritik bzw. negative Äußerungen werden. Man fühlt sich nicht mehr persönlich angegriffen bei geäußerter Kritik. Der Umgang mit sich und anderen wird sehr

viel liebevoller, die emotionale Anhängigkeit verschwindet, eine Beziehung wird als gelassener gesehen.

Dies sind noch lange nicht alle positiven Aspekte, welche sich bei einer gesunden Selbstliebe einstellen. Um dies zu erreichen, sollten Sie sich an drei einfache Grundregeln halten.

1. **Sie sind die wichtigste Person in ihrem Leben!** Die Quintessenz der Selbstliebe. Befreien Sie sich von dem Zwang, immer nur anderen gefallen zu müssen, nur zu tun, was andere Ihnen sagen. In erster Linie sollten Sie dafür sorgen, dass es Ihnen gut geht. Nur wenn bei Ihnen alles in Balance, alles stimmig ist und Sie mit sich und der Welt im Reinen sind, können Sie auch etwas von dieser positiven Energie an andere weitergeben. Denn: was nützt das beste Handy, wenn der Akku defekt ist?

2. **Helfen Sie, weil Sie es wollen und nicht weil es von Ihnen erwartet wird!** Auch eine sehr wichtige Regel auf dem Weg zu mehr Selbstliebe. Nur wenn es Ihnen gut geht und sie genügend Energie verspüren, erst dann können Sie auch eine Hilfe für andere Menschen sein. Besonders wir Frauen tun uns ja, dank unseres Mutter-Teresa-Gens, sehr schwer damit, Hilfe abzulehnen. Vielleicht liegt es daran, dass wir schon immer dafür verantwortlich waren, für die Familie zu kochen, zu waschen, zu putzen usw. was eben das traditionelle Frauenbild definiert. Dies hat sich mit uns durch die Evolution entwickelt und herausgekommen ist eben dieses Helfersyndrom.

   Als kleines Mädchen machte sich das bei mir

bemerkbar, indem ich immer alle Tiere die ich fand, egal, ob gesund, krank oder verletzt, mit nach Hause nahm und behalten wollte. Ich habe dann immer zu meinen Eltern gesagt, dass das Tier draußen, bei Kälte und Dunkelheit sicher Angst hätte, da ich von mir ausging und ich ihnen bei mir Sicherheit bieten wolle. Meine Eltern teilten jedoch diese Ansicht überhaupt nicht mit mir und so fanden alle eingesammelten Tiere auch wieder ihren Weg in die Freiheit.

Noch einmal zurück zu unserem Punkt 2: helfen Sie nur, wenn Sie körperlich und geistig dazu in der Lage sind. Werden Sie einmal wieder um etwas gebeten, so hinterfragen Sie sich: habe ich genügend Energie, um wirklich zu helfen? Oder bin ich vielleicht selbst gerade in einer Lage, in der eigentlich ich Hilfe brauchen könnte? Nun, wenn die Antwort auf eine Bitte zu helfen ein klares „Ja" ist, dann helfen Sie auch. Besteht jedoch nur ein kleiner Funke des Bedenkens, so sagen Sie ganz klar und deutlich „Nein". Haben Sie keine Angst, wenn der Gegenüber im ersten Moment Ihre Ablehnung nicht versteht. Sie können ihm ja Ihre Beweggründe mitteilen, damit er Verständnis für Ihre Antwort aufbringen kann.

3. **Motivieren Sie sich jeden Tag neu!** Motivieren, aufbauen, stärken. Tun Sie das ab jetzt jeden Tag! Meist ist unser innerer Dialog nicht sehr positiv geprägt. Wenn uns etwas misslingt, dann sind wir immer sehr schnell mit Selbstvorwürfen zur Stelle. Wir schelten uns dann in Gedanken selbst und sagen etwa Dinge wie: „Sogar dazu bin ich zu blöd", oder:

„Mein Gott, ich bin richtig fett geworden", oder auch: „Ich bin zu gar nichts zu gebrauchen". Dass solche Sätze, auch wenn sie nur während unserem inneren Dialog mit uns selbst gesprochen werden, uns nicht näher an unser Ziel, Selbstliebe, bringen können, dass müsste mittlerweile jedem unter Ihnen bewusst sein. Was sagen Sie ab jetzt eher zu sich? Genau! „Ich liebe mich, weil ich....." Überlegen Sie, was Sie besonders gut können, in welchen Bereichen Ihre Stärken liegen. Dies fügen Sie hier ein.

Machen Sie ein Ritual daraus. Jeden Morgen nach dem Aufwachen, es kann gerne noch im Bett liegend sein und jeden Abend, bevor Sie einschlafen, sagen Sie sich Ihren Satz und überlegen sich, warum Sie sich lieben. Sie werden bald erste Veränderungen in Ihrer Selbstwahrnehmung bemerken.

Dies sind nun drei wichtigen Grundregeln gewesen, wie Sie sie in den Alltag integrieren können und so einem glücklichen Leben immer näherkommen können.

Natürlich gibt es noch zig weitere kleine Tricks und Kniffe, wie man mehr Selbstliebe erreichen kann. Hier stelle ich Ihnen drei weitere davon vor. Diese sind, dank ihrer Einfachheit, ganz leicht im Alltag zu verankern und es bedarf keiner Seminare oder dergleichen, um eine Verbesserung zu erreichen. Einfach nur konstant und konsequent durchführen und der Erfolg stellt sich von alleine ein. Hier also nun die drei kleinen Übungen für mehr Selbstliebe:

Diese Übung können Sie mit der morgendlichen „Ich liebe mich, weil ich..."-Übung kombinieren. Schließen Sie Ihre Augen, noch im Bett liegend und seien Sie dankbar. Sie können

Sätze sagen wie: „Dieser Tag wird ein guter Tag, ich freue mich auf ihn. Mir geht es gut, ich bin ausgeschlafen und mein Körper fühlt sich fit und gesund an. Ich bin dankbar, dass es mir so gut geht und dass ich mich wohlfühle". Natürlich können Sie den Satz in Ihre eigenen Worte kleiden und Ihre eigene Formulierung finden. Dieser positive Leitsatz wird Sie schon morgens zu guter Laune führen und Ihnen Energie und Freude für den ganzen Tag schenken. Starten Sie gleich morgen früh damit.

Der nächste Kniff hat mit unserer Körperwahrnehmung zu tun. Etwas, dass viele Menschen nicht mehr haben, da unsere Hochleistungsgesellschaft dafür gar keinen Platz mehr hat. Ich kann dieses Phänomen an mir selbst auch beobachten. Früher, als ich noch keinen eigenen Haushalt mit all den Pflichten und Anforderungen hatte, da habe ich mich viel bewusster mit mir und meinem Körper auseinandergesetzt. Nun fehlt mir meist einfach die Zeit, diese Rituale von früher noch regelmäßig durchzuführen. Dieses eine jedoch, das erlaube ich mir mindestens einmal in der Woche. Sie sollten sich das auch für mindestens einmal in der Woche einplanen.

Nach dem Duschen oder Baden nehmen Sie sich eine reichhaltige, wohlriechende Bodycreme und cremen Ihren Körper ganz bewusst ein. Nehmen Sie Ihren Körper dabei mit jeder Delle, Erhebung und eben allem, was er zu bieten hat, wahr. Cremen Sie sich langsam und zärtlich ein, dabei können Sie auch wieder ihre Dankbarkeit äußern, sagen Sie etwa: „Danke, Körper, dass du mir immer so gut und so einwandfrei funktionierst!".

Der letzte Trick soll unsere innere, kritische Stimme zum Schweigen bringen. Da diese kleine, fiese Stimme meist jedoch sehr hartnäckig ist, da sie bereits viele Jahre ungestört in uns leben konnte, bedarf es ein bisschen Übung, damit es funktioniert.

Wenn Sie wieder einmal bemerken, wie Sie sich selbst heruntermachen wollen, dann setzen Sie ein ganz klares Zeichen. Sie können das mit einem Satz á la: „Halt! Ich habe hier das Sagen, alles hört auf mein Kommando! Jetzt und sofort werden die negativen Gedanken verbannt und es wird auf positivleben umgestellt! Ab sofort genieße ich den Tag und all das Schöne, was er mir bringt!" Sie können das natürlich auch anders ausdrücken. Achten Sie jedoch darauf, dass Sie ein klares „Stopp" oder „Halt" einbauen, ein Signalwort sozusagen.

Wichtig ist auch, dass Sie dies regelmäßig, bei der kleinsten kritischen Äußerung der fiesen Stimme tun, denn nur so kann sich ein Erfolg einstellen. Dieser Erfolg sieht dann so aus, dass Sie diese Übung gar nicht mehr machen müssen, wenn sich die Stimme wieder meldet, sondern ihr Geist erledigt das dann im „Autopilot-Modus" für Sie.

Eine schöne Übung hierzu ist das **Focusing** oder die Focusing Methode. Dabei geht es darum, sich selbst wieder besser wahrzunehmen. Es geht darum, wieder ein Gefühl für sich, seinen Körper und seine Gedanken zu bekommen. Dazu sucht man die Stille und hört in sich hinein. Man spürt, wo es zwickt und zwackt und wie einen Bilder, Gefühle und Gedanken beeinflussen.

Beim Focusing soll ein tiefes Verstehen für die eigenen Gefühle, Gedanken und Taten im Leben entwickelt werden. Dazu führt man einen inneren Dialog mit sich selbst.

Dadurch soll es dem Anwender möglich sein, Dinge wieder klar zu sehen und so zu erkennen, welches Leben man eigentlich führen möchte. Besonders wird im Focusing darauf hingearbeitet, sich auf die Dinge zu konzentrieren, welche bisher im Leben noch nicht in Worte gefasst wurden oder gefasst werden konnten. Wenn Sie beispielsweise manchmal eine Wut oder einen Zorn in sich spüren, doch Sie diesen nicht in Worten ausdrücken können, was diesen auslöst.

Dieser Zorn oder diese Wut sind ein zentraler Aspekt, da hieraus oft Blockaden oder Stress entstehen können, welche man einfach noch nicht thematisiert hat.

Mit Focusing soll es dem Anwender auch möglich sein, mit allem Erlebten in einen positiven Kontakt zu treten. Das schließt alles Erlebte ein, auch die unschönen, negativen Dinge, welchen man sich nicht gerne stellt und die man so gerne und erfolgreich nach ganz tief drinnen verbannt. Dabei muss nicht auf eine Veränderung gedrängt werden, es soll lediglich Annahme und Akzeptanz erreicht werden.

Focusing soll als Mittel gesehen werden, um sich aus alten Denkmustern zu befreien, als Möglichkeit, mit dem Inneren in einen Dialog zu kommen und so als Mensch gestärkt daraus hervorgehen zu können.

Beginnen Sie das Focusing, indem Sie erst ein paar Mal tief durchatmen. Suchen Sie sich einen ruhigen Raum aus, wo Sie ungestört sind. Dann setzen oder legen Sie sich hin. Schließen Sie Ihre Augen und werden Sie sich Ihres Körpers bewusst, nehmen Sie Ihn wahr. Widmen Sie sich dann einem bestimmten Aspekt und schauen Sie, was Ihr Körper dazu auftauchen lässt. Dies können zu Beginn noch recht vage Gefühle oder Gedanken sein. Auch kann es sein, dass es sich in subtileren Vorgängen zeigt, welche in Metaphern geäußert werden „es fühlt sich an, als ob ein Fels auf mir lastet", oder dergleichen.

Nun warten Sie in diesem vagen Zustand ab, was sich wirklich offenbart. Das zeigt Ihnen an, was Sie über dieses Problem oder dieses Thema noch nicht wissen. Im Folgenden dann treten Sie in eine Art inneren Dialog mit sich selbst. Hören Sie Ihrem Inneren dabei sehr aufmerksam zu und signalisieren Sie ihm das auch. Stellen Sie Ihre Fragen und warten Sie ab, was Ihr Inneres Ihnen für Antworten darauf liefert. Beobachten Sie dabei alle Gedanken und Gefühle aufmerksam, denn hier finden Sie Ihre Antworten.

Erstaunlicherweise ergibt sich meist im Laufe der Sitzung ein innerer Dialog, der von kompletter Annahme und Erlaubnis gekennzeichnet ist. Beim Focusing müssen Sie sich nicht mehr verstellen, Sie müssen auch nicht mit Druck oder Kontrolle arbeiten.

Nehmen Sie nun wahr, was sich in Ihnen verändert hat und öffnen Sie anschließend wieder Ihre Augen.

Focusing hilft allen denen, die sich selbst weiterentwickeln wollen. Gerne wird Focusing auch im Berufsalltag angewendet, wenn bestimmte Situationen mit Kollegen auftauchen, welchen man auf den Grund gehen möchte. Aber auch bei Problemen im privaten Umfeld ist Focusing eine große Hilfe.

Wenn es im Leben allgemein nicht mehr so läuft wie bisher und man einfach sehen bzw. erfahren möchte, wohin der neu eingeschlagene Weg führt, dann ist Focusing „das" Mittel der Wahl.

Focusing hat sich weiterhin bewährt, wenn sich Denkmuster ständig wiederholen oder uns eine Gewohnheit nicht mehr loslässt und eher hinderlich, also unerwünscht, ist.

Doch auch auf dem Gebiet der spirituellen Ebene kann mit Focusing viel erreicht werden.

Focusing dient keinesfalls dazu, eine zügige Lösung für ein Problem zu erhalten. Auch um eine Therapie zu ersetzen ist Focusing nicht geeignet.

Focusing ist die Methode, um sich mit einem Thema wirklich und ernsthaft auseinanderzusetzen, den Dingen auf den Grund zu gehen und dadurch zu reifen und zu wachsen. Gerne kann Focusing auch zu zweit durchgeführt werden. Auch eignet es sich, um am Telefon oder via Videoanruf durchgeführt zu werden.

Focusing zusammengefasst in vier Schritten:

1. Äußerlich ruhig werden, bequem hinsetzen oder hinlegen, Augen schließen und den Körper bewusst wahrnehmen.
2. Das Innere dazu animieren, sich mitzuteilen. Dies kann mit der Frage: „Was braucht meine Aufmerksamkeit?", oder einer ähnlichen Frage geschehen.
3. In den Inneren Dialog mit den Gedanken, Gefühlen und Eindrücken treten. Währenddessen können weitere Einladungen an das Innere ausgesprochen werden.
4. Wahrnehmen, was sich geändert hat. Augen wieder öffnen.

Wenn Sie die Technik des Focusing regelmäßig anwenden, so werden Sie schon bald Veränderungen an in Ihrem Inneren bemerken. Dabei wird vermutlich die erste Sitzung den meisten „Aha-Effekt" auslösen, da hier am Ausstieg aus konditionierten Zuständen und Gefühlen gearbeitet wird.

Ehe und Glück

„Glück ist das einzige, das sich verdoppelt, wenn man es teilt."
(Albert Schweitzer)

Jeder Mensch versucht, so glücklich und zufrieden wie nur möglich zu sein. Wenn ich Sie nun frage: „Wie zufrieden sind Sie mit Ihrem Leben?", was würde ich von ihnen zur Antwort bekommen? Vermutlich würden Sie sagen: „Im großen Ganzen bin ich schon zufrieden, aber....". Und wie sieht es mit dem Glück bei Ihnen aus? Würden Sie sagen, dass Sie viele tolle Situationen in Ihrem Leben gehabt haben? Doch was ist der Unterschied zwischen Zufriedenheit und Glück?

Meist denken wir, wenn wir über unsere Zufriedenheit befragt werden, unwillkürlich über unser bisheriges Leben nach. Hingegen wenn wir nach unserem Glück befragt werden, denken wir meist an ein momentanes, zeitlich begrenztes Ereignis.

Hat dann ein Mensch, der viele schöne Situationen in seinem Leben erlebt hat, auch automatisch ein zufriedeneres Leben? Ist es wirklich so einfach? Kann man so sein Glück und Unglück definieren?

Daniel Kahnemann, israelisch-amerikanischer Psychologe und Nobelpreisträger hat viel auf diesem Gebiet geforscht und ganz Erstaunliches zu Tage gefördert.

Konkret geht es hier um die Ergebnisse, welche er in dem Zusammenhang zwischen Ehe und Glück und Zufriedenheit erlangt hat. Hierfür befragte er die Teilnehmer seiner

Untersuchungen zu unterschiedlichen Zeitpunkten. Sie sollten in jeder Situation angeben, wie sie sich dabei fühlten. Grundsätzlich kam heraus, dass Glück und Zufriedenheit zwei unabhängig voneinander zu wertende Zustände sind.

Konkret stellte sich heraus, dass Frauen, welche verheiratet sind, zufriedener mit dem Leben sind, welches sie führen. Kaum überraschend: es gibt bereits zahlreiche Studien, die genau dieses Ergebnis untermauern. Die Ehe macht zufrieden. Jedoch war das weitere Ergebnis doch sehr überraschend. Hier zeigte sich nämlich, dass Frauen, welche Singles sind, glücklicher sind als verheiratete Frauen. Eigentlich ein Widerspruch in sich. Diesem gehen wir nun auf den Grund!

Es wird vermutet, dass bei der Frage nach der Zufriedenheit gesellschaftliche Zwänge bei der Beantwortung mit ins Spiel gebracht werden. Heißt nichts anderes, als dass sich die Befragten bei der Beantwortung der Frage Gedanken darüber machen wie ein zufriedenes Leben aussehen sollte, welche Werte die Allgemeinheit dafür vorgibt. Da für viele der Befragten die Ehe einen hohen Stellenwert darstellt, kristallisierte sich eine höhere Zufriedenheitsrate bei den Verheirateten heraus.

Dies sah dann aber bei der Frage nach Glück ganz anders aus. Die alleinstehenden Frauen hatten mehr glückliche Situationen und Erlebnisse, als die Verheirateten. Dies kann daraus resultieren, dass Single-Frauen einfach mehr weggehen, insgesamt mehr erleben als die Verheirateten.

Gute Tipps zum Glücklichsein

Glücklichsein-wollen wir das nicht alle? Oder doch zumindest glücklicher sein. Dass Glück sich nicht in materiellem finden lässt, darüber haben wir schon gesprochen. Doch wie und wo findet man dann das Glück? Machen wir uns zusammen auf die Suche……

Ist Glück vielleicht ein zufällig vom Universum gewährtes Bonbon, dass nur bestimmten Menschen zufällt? Meist erscheint es uns doch genau als das. Wenn jemand in unserem Umfeld unerwartetes Glück zu Teil wird, dann denken wir oft neidisch, dass wir doch gefälligst jetzt auch mal an der Reihe wären, von Fortuna geküsst zu werden.

Keine Sorge, liebe Leser, Glücklichsein, das können Sie lernen und trainieren. Glücklichsein ist ein Gut, dass allen Menschen zur Verfügung steht, es ist nicht auf einzelne Menschen fokussiert.

Viele Menschen fragen, ob man Glück lernen kann. Man kann. Zumindest kann man sich glückliche Momente schaffen und so das Glück erfahren. Dies ist aber eine sehr individuelle Angelegenheit, da jeder Mensch Glück unterschiedlich definiert.

Für den Einen kann eine Kugel Vanilleeis das höchste Glück darstellen, für den Anderen ist es ein Ausflug in den Freizeitpark mit der Familie. Gönnen Sie sich diese kleinen Momente des Glücks! Erfüllen Sie sich einen langgehegten Wunsch und erhöhen Sie so Ihren Glücksfaktor. Schaffen Sie sich so viele glückliche Momente in Ihrem Leben wie Sie nur können. Gerne können Sie auch für andere, ihnen nahestehende Personen schöne, glückliche Momente schaffen, wenn das Sie erfüllt und glücklich macht.

Ich habe z.B. eine wahnsinnige Freude, wenn ich andere Menschen beschenken kann. Hauptsächlich Kinder, vielleicht weil ich selbst keine habe, beschenke ich, wann immer ich dazu die Gelegenheit bekomme. Ich finde, dass Kinder sich auch über Kleinigkeiten besonders freuen. Ich liebe den Glanz in ihren Augen, wenn sie sich freuen. Diese Freude und dieses Glück, was die Kleinen in dem Moment ausstrahlen, das ist so echt, so ehrlich, dass macht mich wirklich glücklich. Niemand ist in seiner Freude wohl so ehrlich, wie ein Kind, natürlich wird es einem auch sein Missfallen bei einem unpassenden, nicht gewünschten Geschenk klar und deutlich mitteilen und das Tolle an den Kindern: sie freuen sich auch über Geschenke secondhand. Das bemerke ich immer wieder. Ich habe viele Jahre Stofftiere gesammelt. Über die Zeit hat sich da ganz schön was angesammelt. In meiner Scheune stehen auch zig Kisten mit Stofftieren und immer, wenn ein Kind zu mir auf den Pferdehof kommt und diese Stofftiere entdeckt, ist es natürlich begeistert. Es stellt sich dann relativ schnell heraus, welches Tier es dem Kind angetan hat. Ich lasse es dann mit dem Stofftier spielen für die ganze Zeit, wo es sich bei mir aufhält. Wenn es dann Zeit wird, wieder nach Hause zu gehen, legen die meisten Kinder das Stofftier wieder in die Schachtel und schauen dabei ganz wehmütig. Genau diesen Moment warte ich ab, dann sage ich den Kindern immer, dass sie, wenn sie das wollen, dieses Stofftier mit nach Hause nehmen dürfen. Der Ausdruck, der dann in den kleinen Gesichtern entsteht, den kann man mit keinem Geld der Welt kaufen! Einfach herrlich in diese strahlenden Kinderaugen zu blicken!

Damit möchte ich nicht sagen, dass Erwachsene sich nicht auch über eine kleine Aufmerksamkeit freuen, jedoch ist die deren Freude meist verhaltener. Dabei fiel mir auch auf, dass ein kleines Mitbringsel die meisten Menschen mehr freut, als ein teures, opulentes Geschenk.

Wenn Geben Sie also glücklich macht und Sie sich gerne mit Anderen freuen, so machen Sie ihren Lieben eben ab und zu eine kleine, unerwartete Überraschung in Form eines kleinen Mitbringsels.

Das Glück suchen

„Das Glück erkennt man nicht mit dem Kopf, sondern mit dem Herzen!"
(Sprichwort)

Ja, liebe Leser, das trifft den Nagel natürlich voll auf den Kopf! Damit ist eigentlich alles gesagt und ich kann aufhören, zu schreiben. Doch das wäre ja zu einfach, möchten wir doch genau analysieren, wie jeder Einzelne von uns glücklicher wird und es auch dauerhaft bleibt. Jedoch ist die fortwährende Suche, das übereifrige Streben danach kontraproduktiv. Dies belegen sogar die Ergebnisse einer Studie aus dem Jahr 2018 an den Universitäten von Toronto und der Rutgers von Newark. Die Ergebnisse legen den Schluss nahe, dass die Suche nach dem Glück ein nie abgeschlossener Prozess ist, ähnlich der Arbeit des Sisyphos. Je mehr wir uns auf der Suche nach dem Glück verzehren, desto unerreichbarer wird es für uns. Wir verlieren uns bei der Suche und erreichen so nie den Zustand der Glückseligkeit.

Auch ist die Sicht auf die Dinge bei der Suche nach dem Glück maßgeblich. Wer in allem das Negative sieht und wahrnimmt, der wird auch unweigerlich immer nur Negatives anziehen, der kann gar nichts positives, glücklichmachendes in sein Leben holen.

In diesem Zusammenhang muss auf das **„Gesetz der Anziehung** (auch Gesetz der Resonanz genannt)" verwiesen werden. Darüber habe ich bereits einen Text verfasst, habe mich also intensiv damit befasst. Ich gebe hier nur kurze

Auszüge daraus zum Besten, vollumfänglich würde es den Rahmen sprengen. Das Gesetz der Anziehung ist ein universell wirksames Gesetz, das heißt, es findet immer Anwendung, 24/7, jede einzelne Sekunde unseres Lebens. Dabei wird von der Grundannahme ausgegangen, dass Kraft der Gedanken, dem Menschen keine Grenzen gesetzt sind.

Ihnen ist es doch bestimmt auch schon einmal bei sich selbst aufgefallen, dass das, was Sie denken, einen direkten Einfluss auf ihre derzeitige Stimmung haben kann bzw. hat. Hier setzt nun das Gesetz der Anziehung an, denn es besagt, dass, so wie die Dinge in uns sind, unsere Gedanken und Gefühle, so ist es auch um das „drumherum" bestellt. „Gleiches zieht Gleiches an", so könnte ich es Ihnen auch noch beschreiben. Es ist wirklich ein sehr interessantes, fesselndes Thema und wenn Sie sich dafür interessieren, so finden Sie im Internet jede Menge Informationen darüber.

Ich denke, da ich dieses Modell kenne, eignet es sich sehr gut, um die Zusammenhänge von individuellem Glück bzw. Unglück zu verstehen. Gleichzeitig erhalten Sie mit der Kenntnis vom „Gesetz der Anziehung" ein sehr machtvolles Werkzeug an die Hand, mit welchem es Ihnen möglich ist, langfristig und dauerhaft glücklich zu sein und zu bleiben. Informieren Sie sich dazu!

Keep smiling! Oder: was Lachen mit uns macht

„Wer den Tag mit einem Lachen beginnt, hat ihn bereits gewonnen", oder auch: „Wer zuletzt lacht, lacht am besten", beides deutsche Sprichwörter mit solch einem hohen Wert. Diese beiden Sprichwörter sollen deutlich machen, welch hoher Stellenwert dem Lachen in unserer Gesellschaft immer noch zugemessen wird. Gerade heutzutage, wo alte Werte immer mehr an Bedeutung verlieren, gewinnen diese Worte umso mehr an Bedeutung, denn noch nie haben sich Generationen so ausführlich mit einer Definition von Glücklichsein und Glück beschäftigt, wie die Unseren.

Dabei ist Lachen ja nicht nur ein Ausdruck von Freude, es stärkt erwiesenermaßen auch unser Immunsystem nachhaltig. Dabei ist es sogar einerlei, ob es sich um ein tiefes, ehrlich empfundenes Lachen handelt oder nur um ein gekünsteltes, oberflächliches Lächeln. Aus diesem Grund mein Rat an Sie: Lachen Sie, bis sich die Balken biegen!

Wie oft haben Sie heute schon gelacht? Sie meinen, heute noch gar nicht gelacht zu haben? Dann wird es aber schleunigst Zeit dafür! Denn nichts ist gesünder, als lachen. Dabei muss lachen nicht erst in einem Seminar, gegen hohe Gebühr, gelernt werden, nein, lachen kann wirklich jeder in fast jeder Situation. Und der schöne Nebeneffekt beim Lachen: meist steckt unser Lachen Andere auch an und plötzlich entsteht ein unglaubliches Wir-Gefühl. Man könnte also sagen, Lachen ist ein soziales Netzwerk.

Unbestritten aber öffnet ein freundliches Lächeln einem Tür

und Tor. Dazu können Sie bei Gelegenheit einmal selbst ein kleines Experiment machen. Gehen Sie, wenn Sie das nächste Mal in einer Stadt mit großer Shopping-Meile sind in einen der zahlreichen Boutique-Läden. Diesen betreten Sie mit einem neutralen Gesichtsausdruck. Lächeln Sie die Verkäuferin auf keinen Fall an. Beobachten Sie ihre Reaktion auf ihr neutrales Gesicht und bemerken Sie, wie die Frau eine Distanz zwischen ihnen aufbaut.

Nun gehen Sie in einen anderen Laden und betreten diesen mit einem freundlichen Lächeln. Sie müssen sich dazu nicht verbiegen, es soll nur ein offenes Lächeln sein. Wie begegnet diese Verkäuferin ihnen nun? Spüren Sie eine Veränderung an der Atmosphäre, spüren Sie die andere Grundstimmung als im ersten Versuch? Das bewirkt ein Lächeln!

Dabei ist die Geschichte des Lachens so alt, wie die Menschheitsgeschichte selbst. In der Bibel wird dazu erwähnt:

> *„Ein fröhlich Herz tut auch dem Körper gut, den Leib dörrt aus ein kummervoll Gemüt"*

Ob jedoch Jesus gelacht hat, ist nirgends überliefert.

Die geschichtliche Bedeutung des Lachens ist jedoch recht kurios und spannend. So forderten etwa die namhaften Philosophen aus der frühen Antike die „Zähmung des groben Lachens". Sie wollten einen zarteren, gesellschaftlich anerkannten Humor und eine zivilisierte Ironie lieber haben. Platon beispielsweise hat in seiner Schule das Lachen abgelehnt und auch Cicero hat sich sehr viel mit angebrachtem

Humor beschäftigt, da im alten Rom kein Bürger der Lächerlichkeit preisgegeben werden durfte.

In der Renaissance und dem Mittelalter wurde Lachen immer mehr aus dem Leben der Reichen und Adligen verdrängt, in Klöstern galt es als „obszön". Humor, Witz und Lachen wurde mehr und mehr zur Volkweise, was sich heutzutage immer noch in den Karnevalszeiten erkennen lässt.

Der österreichische Zoologe, Verhaltensforscher und Nobelpreisträger, Konrad Lorenz, vertritt die Meinung, dass Lachen aus einer Drohgebärde (Zähnefletschen, heute noch bei unseren Hunden zu sehen) entstanden ist.

Wo es jedoch herkommt und wie lange es Lachen schon gibt, das ist eigentlich nicht so wichtig. Wichtig ist nur, dass wir lachen, jeden Tag, so oft es uns möglich ist.

Was aber passiert während des Lachens? Welche Vorgänge gehen da in unserem Körper vor?

Das Gehirn erhält einen Reiz, löst dann den Lachreflex aus. Für unseren Körper ist Lachen mit Schwerstarbeit gleichzusetzen. Der Professor William Fray von der bekannten Stanford Universität in USA hat herausgefunden, dann unser Gesicht beim Lachen ganze siebzehn Muskeln beansprucht, am ganzen Körper sind es dagegen über achtzig! Liebe Leser, diese Zahl müssen Sie sich einmal auf der Zunge zergehen lassen! Fällt ihnen spontan eine Übung oder Sportart ein, bei der solch eine große Anzahl an Muskeln aktiviert wird? Mir so auf die Schnelle jedenfalls nicht.

Was passiert noch beim Lachen? Natürlich heben sich die Augenbrauen an. Die Nasenlöcher werden weiter, die Mundwinkel werden nach oben gezogen. Das Zwerchfell fängt mit rhythmischen Bewegungen an, die Augen werden zu

Schlitzen. Die Atmung beschleunigt sich, die Luft pfeift mit bis zu 100km/h durch unsere Lungen und versetzt die Stimmbänder in Schwingungen. Dabei hat der männliche Schall während des Lachens ganze 280 Schwingungen in der Sekunde, der weibliche immerhin ganze 500. Sogar die Verdauung wird bei einem herzhaften Lachen angeregt. So ist es auch nicht verwunderlich, dass rund 20 Sekunden kraftvolles Lachen der körperlichen Leistung bei etwa 3 Minuten schnellem Rudern entspricht.

Der deutsche Gelotologe Michael Titze erklärt, der Entspannungsfaktor nach einem herzhaften Lachen entspreche dem Effekt, welchen man nach einer Einheit autogenem Training verspürt.

Facial Feedback

Was ist das denn nun schon wieder, werden Sie vielleicht nun denken. Diese Annahme stammt bereits aus den frühen 80er Jahren und wurde von zig Wissenschaftlern analysiert, fundiert und bereichert. Grundgedanke hierbei ist, dass nicht nur die Gefühle des Menschen seine Mimik beeinflusst, sondern bereits die Bewegung an sich eine Auswirkung auf die Emotionen desjenigen haben. Auf gut Deutsch: sind Sie glücklich, dann lächeln Sie bzw. Sie fühlen sich gleichzeitig glücklicher, wenn Sie lächeln.

Diese Annahme ließ sich auch bei Zorn und Wut beobachten. Wird für mehrere Minuten ein unfreundliches Gesicht, mit zusammengezogenen Augenbrauen aufgelegt, so sinkt gleichzeitig auch die Stimmung, schlechte Laune entsteht. Dies belegte ein Experiment während eines Konzertbesuchs. Eine Gruppe wurde dazu veranlasst, über die gesamte Dauer der Veranstaltung zu grinsen, während die andere Gruppe dazu verdonnert wurde, ein schmollendes Gesicht zu machen. Die Gruppe mit den grinsenden Menschen beschrieb im Nachgang das Konzert als durchweg positiv, die andere Gruppe empfand dieselbe Veranstaltung als negativ.

Ein ganz ähnlicher Versuch wurde in diesem Zusammenhang mit dem Lesen von Comics durchgeführt. Die Teilnehmer mussten einen Stift in den Mund nehmen und dann einen Comic lesen. Danach sollten sie das Gelesene anhand der Witzigkeit beurteilen.

Die Probanden der einen Gruppe mussten den Stift zwischen ihren Zähnen halten, so entstand ein künstlich erzeugtes

Lächeln, das die beiden Muskel Zygomaticus major, ein Hautmuskel, zur mimischen Muskulatur gehörend, zieht Mundwinkel nach hinten oben und Risorius, Lachmuskel, gehört auch zur mimischen Muskulatur, ist Teil der Lachmuskulatur, arbeiten ließ.

Die andere Gruppe musste den Stift mit den Lippen festhalten, so wurde ein künstlicher schmollender Gesichtsausdruck erschaffen. Hier wurden die beiden Muskel Corrugator, ein Hautmuskel, zur mimischen Muskulatur gehörend, zieht Augenbraue nach unten innen und Orbicularis oris, auch kissing muscle bezeichnet, er sorgt dafür, dass wir die Lippen schürzen können, angesprochen und aktiviert. Das Ergebnis spiegelt das des Konzertversuchs, denn auch hier beschrieben die Teilnehmer den Comic als lustiger, welche den Stift mit den Zähnen halten mussten.

Lachen im Beruf

Nun können wir aber nicht den ganzen Tag mit einem Stift zwischen den Zähnen im Job rumrennen, wie sähe das denn aus? Vermutlich würden wir dadurch eher unsere Kollegen zum Lachen bringen und uns selbst als kompletten Trottel dastehen lassen. Damit Ihnen dieser Ruf in Ihrer Firma erspart bleibt, folgen nun ein paar kleine Tricks und Kniffe, wie Sie trotzdem auf die heilsbringende Arznei „Lachen" in ihren Berufsalltag nicht verzichten müssen.

Mit Lachen können Sie bereits anfangen, wenn Sie noch zuhause sind und gerade erst aufgewacht sind. Machen Sie es sich doch zum Ritual, dass Sie gleich morgens, wenn Sie die Augen aufschlagen, erst einmal für eine Minute lächeln. Dies wird Sie mit einem positiven Gefühl in den Tag starten lassen und gleich ihre Grundstimmung erheblich erhöhen.

Das nächste Lächel-Potential ergibt sich dann schon auf dem Weg zur Arbeit. Landen Sie, wie eigentlich jeden Morgen, wieder in einem Stau durch die Innenstadt? Oder hat die Ampel kurz bevor Sie passieren konnten, auf Rot geschaltet? Sonst hat Sie dieser Umstand immer verärgert, doch diese Zeiten sind nun vorbei! Wenn Sie sich im Auto befinden, so drehen Sie einfach die Musik auf und singen Sie dazu. Lächeln Sie dabei die anderen Verkehrsteilnehmer freundlich an und schenken Sie diesen so auch ein Stück von der „Sonne in ihrem Herzen". Sie werden erstaunt sein über die vielen, positiven Reaktionen auf Ihr Verhalten.

Wenn Sie schließlich auf der Arbeit angekommen sind, dann sorgen Sie doch auch dort für eine positive Grundstimmung.

Legen Sie Ihr schönstes Lächeln auf und pfeifen Sie Ihre eben gehörte Lieblingsmusik vor sich hin, es wird Ihre Kollegen sicherlich mitreißen, wenn Sie so viel gute Laune versprühen. Aber auch in der Mittagspause können Sie den ein oder anderen lustigen Schwank aus ihrem Leben zum Besten geben und damit für einige Lacher sorgen.

Besonders wichtig ist es jedoch, immer zu lächeln, wenn Sie ein Telefongespräch führen. Der Gegenüber, am anderen Ende der Leitung, „hört" nämlich, ob Sie lächeln oder nicht. Das ist kein Scherz! Ich kann ihnen das auch mit einer Geschichte aus meinem Leben belegen.

Es ist schon viele Jahre her, das Internet gab es zu dieser Zeit für die breite Masse noch nicht, also auch keine Emails oder dergleichen. Was zu erledigen war, wurde bei einem Telefonat getan. Ich war damals noch in der Ausbildung zur Kauffrau. Da sagte mir eines Tages mein Ausbilder, dass ich auf ein zweitägiges Seminar mit dem Titel: „Die Telefonzentrale-die Visitenkarte des Unternehmens", durchgeführt von der örtlichen IHK, gehen würde. Ich freute mich sehr darauf, denn Telefonieren bzw. mit Menschen kommunizieren, das lag mir schon immer im Blut.

Das Seminar war sehr interessant und informativ. Der Dozent hatte zu Übungszwecken zwei Telefone ohne Kabel mitgebracht, damals waren es die Modelle mit Wählscheibe. Jeder Teilnehmer spielte also bestimmte, vom Kursleiter inszenierte Telefongespräche durch. Unter anderem sahen und hörten wir auch den Vergleich zwischen einer „lächelnden" und einer „nicht-lächelnden" Person ganz deutlich am Telefon.

Sie können es gerne selbst einmal versuchen. Zu Zeiten, in

denen jeder, wirklich jeder, ein Handy besitzt, wird es für Sie ein leichtes sein, eine nahestehende Person zu bitten, mit Ihnen gemeinsam dieses Experiment durchzuführen. Sie werden den Unterschied zwischen lächeln und nichtlächeln deutlich hören, vertrauen Sie mir.

Natürlich gibt es im Job auch immer Momente, in denen schallendes Lachen und sogar ein dezentes Lächeln nicht angebracht sind. Auch sollten Sie nicht den ganzen Tag mit einem debilen Dauergrinsen an ihrem Arbeitsplatz sitzen. Doch auch hier gibt es die Möglichkeit, mal eben schnell ein Grinsen anzudeuten, wenn Sie etwa Unrat in die Mülltonne unter ihrem Schreibtisch werfen.

Sie sehen, die Möglichkeiten seinen Job mit mehr Humor zu würzen, sind durchaus gegeben. Der, oft stressige, Alltag im Job kann so ins positive gekehrt werden und das gesamte Arbeitsklima wird dadurch aufgewertet werden. Ihre Kollegen und Sie werden zufriedener und widerstandsfähiger werden, ein Umstand, von dem natürlich auch Ihr Chef profitieren kann. Lachen und Lächeln wird Sie langfristig zufriedener mit ihrem Job werden lassen, was wiederum unmittelbare Auswirkungen auf Ihren Erfolg haben wird.

Versuchen Sie in jedem Fall, überall, wo es angebracht ist, so oft zu lachen und zu lächeln, wie Sie nur können und spüren Sie die positiven Auswirkungen, welche der Humor auf Sie hat.

Gelotologie

Nein, liebe Leser, das ist kein Schreibfehler, ich meinte nicht die „Geologie", sondern die „Wissenschaft der Auswirkungen des Lachens". Jawohl, Sie lesen richtig, es hat sich ein kompletter Wissenschaftszweig um diese Disziplin gebildet. In dieser werden die psychischen und körperlichen Auswirkungen erforscht, welche das Lachen und der Humor auf uns haben. Gründervater dieser relativ jungen Wissenschaft ist der amerikanische Psychiater William F. Fry, welcher bereits ab 1964 an der renommierten Stanford Universität als Wegbereiter für folgende Forschungen über das Lachen arbeitete. Er war es auch, der den Begriff der Gelotologie schließlich geprägt hat. Auf therapeutischer Ebene gelten die gelotologischen Ergebnisse heute in der Lachtherapie oder auch bei Humortherapien.

Die Erkenntnisse, welche im Rahmen der Gelotologie gewonnen wurden, sind sehr vielfältig, was auch nicht weiter verwundert, da die Forscher ganze achtzehn unterschiedliche Arten des Lächelns ausgemacht haben.

Erstaunlich ist in diesem Zusammenhang, dass beim authentischen, ehrlichen Lächeln beide Mundwinkel zur gleichen Zeit nach oben gezogen werden, es also symmetrisch ist und sich recht schnell die charakteristischen Krähenfüße um die Augen bilden, ich nenne das gerne „mit den Augen lächeln oder lachen". Hingegen beim aufgesetzten, abgemilderten Lächeln beginnt der Prozess asymmetrisch, heißt, dass sich in der Regel erst eine Seite der Mundwinkel, dann die Andere, nach oben zieht. Es sieht fast so aus, als ob der Mensch nicht fähig ist, die komplexen motorischen Abläufe, welche beim humoristisch ausgelösten Lächeln ablaufen, nachzuahmen.

Dass Lachen und Lächeln etwas in uns hervorruft, etwas auslöst, das ist unbestritten. Doch was macht es mit unseren Emotionen? Mit unseren Gedanken? Durch Lachen ändert sich unsere Sicht auf die Dinge. Wir können Dinge mit dem nötigen Abstand betrachten und erhalten so ganz neue Perspektiven. Dies ist vor allem für Menschen eine wichtige Information, welche in einer psychisch belastenden Situation stecken oder die sich als darin steckend empfinden.

Natürlich hat das Lachen auch eine Auswirkung auf unser Seelenleben, auf unsere Psyche. Lachende, freundliche Menschen knüpfen schneller und leichter neue soziale Bande. Sie sind überall gerne gesehen, da sie immer gute Laune zu verbreiten scheinen. Erinnern Sie sich an das kleine Experiment, wo ich ihnen geraten habe, den Selbstversuch in einer Shoppingmeile zu machen? Genau dieses Phänomen ist hiermit gemeint. Freundlich, offen lachende Menschen werden von den Anderen ganz anders wahrgenommen, als solche, die mit einer Leichenbittermine durch die Gegend laufen und bei denen alles schlecht und negativ ist. Dies bedingt dann automatisch ein höheres Selbstbewusstsein und eine höhere Selbstachtung dieser Menschen. Lachen hat also gleich eine ganze Reihe positiver Auswirkungen auf unsere Psyche.

Aber auch den Körper selbst tut das Lachen ungeheuer gut. Gelotologen fanden unlängst heraus, dass Lachen gegen Frühjahrsmüdigkeit helfen kann. Demnach sind 60 Sekunden Lachen so wirksam, wie etwa 45 Minuten Yoga oder Meditation. Es steigert unsere Kreativität und soll Männer sogar zu mehr Potenz verhelfen. Lachtherapien werden sehr gerne von Unternehmen dazu benutzt, um die Mitarbeiter wieder mit neuem Esprit zu erfüllen. So sollen eingefahrene Denkmuster unterbrochen werden und neue Verknüpfungen erreicht werden.

Wo kann Lachen angewendet werden?

„Lachen ist die beste Medizin" und sie ist sogar rezeptfrei und kostenlos. Eigentlich schon verwunderlich, dass nicht schon unsere millionenschweren Pharmaunternehmen sich aus diesem Umstand etwas „gebastelt" haben, mit dem sie noch mehr Geld machen können. Noch erstaunlicher ist es aber, dass es immer noch Menschen gibt, die diesen Fakt nicht kennen, oder die es anscheinend einfach nicht interessiert. Wie könnte man sich sonst die vielen nach unten hängenden Mundwinkel erklären, die einem Tag täglich im Leben begegnen? Ich kann daraus eigentlich nur schlussfolgern, dass diese Menschen die positiven Wirkungen von Lachen nicht gänzlich kennen.

Damit wenigstens Sie in Zukunft im Bilde sind und vielleicht sogar einem Angehörigen eine Lachtherapie verordnen können, folgen hier die vielfältigen Anwendungsweisen von Lachen. Sie werden erstaunt sein, was Lachen alles auslösen bzw. bekämpfen kann.

- *Stress:* haben wir Menschen Stress, dann reagiert unser Körper, indem er Stresshormone (Adrenalin, Noradrenalin) ausschüttet. Unser Körper möchte uns so auf einen bevorstehenden Kampf oder auch eine Flucht vorbereiten. Es ist also sozusagen noch ein Relikt aus der Steinzeit.

Beim Lachen sieht die Sache dann aber ganz anders aus. Hier werden die sogenannten Glückshormone (Dopamin,

Serotonin, Endorphine und Oxytocin) freigesetzt. Diese Hormone lösen ein wohliges Gefühl in uns aus, machen uns ruhig und ausgeglichen und können sogar Schmerzen unterdrücken.

Diese Glücksgefühle können uns sogar die größten Belastungen ertragen lassen und daraus resultierende Verspannungen zuverlässig lösen. Lachen oder Lächeln hat auch eine sofortige Auswirkung auf unsere gesamte Körperhaltung. Auch gegen Kopfschmerzen, Schlafstörungen und Verstopfung soll Lachen helfen.

-Immunsystem: wissenschaftlich fundierte Ergebnisse haben bewiesen, dass die Blutwerte bei lachenden Personen verändert sind. So steigen demnach die Werte für Killer-Zellen, Gamma-Interferon und Antikörper bei lachenden Menschen deutlich an. Dieser Anstieg ist auch noch nach Tagen, nach dem lustigen Anlass in den Blutwerten feststellbar. Aber wie läuft das ab bzw. was läuft da in uns ab? Eine im eigenen Körper produzierte Substanz, ähnlich einem Hormon, das Gamma-Interferon, startet und lenkt die Produktion von Abwehrstoffen, währenddessen Killer T-Zellen bereits kranke Zellen zerstören. Dies hat der amerikanische Immunbiologe Lee S. Berk bei seinen Forschungen herausgefunden.

- *Therapie:* Lachen gewinnt in der Medizin und der Therapie immer größere Bedeutung. Vor allem in der Psychologie und der Psychiatrie versucht man durch den besonderen Einsatz von Lachen und Humor bessere Therapieresultate zu erreichen. Lachen hat hier die

Hauptaufgabe, eine neue Sicht auf eingefahrene Dinge zu bekommen. Denn durch Lachen wird das Erkennen von Aspekten möglich und so kann, in einer schweren Situation, das Lachen diese auflösen.

- *Klinikalltag:* bestimmt haben Sie schon einmal in einer amerikanischen TV Sendung die Klinik-Clowns gesehen. Diese kommen meist bei den kleinen Patienten zum Einsatz und sollen den langweiligen Klinikalltag, den diese haben, einfach etwas bunter und fröhlicher gestalten. Zugleich soll so der Genesungsprozess der kranken Kinder beschleunigt werden. Bei uns sind die Klinik-Clowns noch nicht so verbreitet, hauptsächlich zu finden sind sie in Deutschland in den großen Klinikkomplexen.

Wissenswertes über´s Lachen

1. Extraportion Sauerstoff: ist es Ihnen nicht auch schon einmal so gegangen, dass Sie vor lauter Lachen fast keine Luft mehr bekommen haben? Lachen gibt unserem Körper den extra Kick Sauerstoff.

2. Wenn Sie richtig herzhaft lachen, dann sorgt das für ein tiefes Gefühl der Entspannung, der Fröhlichkeit und der Gelassenheit. Die dabei ausgeschütteten Glückshormone sorgen dafür.

3. Lachen ist Workout ohne Schwitzen! Ich habe Ihnen ja bereits weiter vorne erklärt, dass 20 Sekunden Lachen so effektiv ist wie eine 3 Minuten dauernde Sporteinheit.

4. Schmerzen werden abgemildert. Durch die Ausschüttung von Serotonin, Dopamin und Endorphinen sind wir in der Lage, körperliche und seelische Schmerzen besser zu ertragen.

5. Lachen stärkt die Gemeinschaft! Nichts verbindet Menschen, Gruppen, ja, ganze Völker, so sehr, wie gemeinsam über etwas zu lachen. Doch, Lachen kann auch ausgrenzend wirken. Nämlich immer dann, wenn der zynische, verspottende oder sarkastische Humor gegen eine Person gerichtet ist, bzw. eine außenstehende Person nicht mit einbezogen wird.

6. Lachen macht attraktiv! Das werden vor allem die Damen unter Ihnen sehr gerne hören. Ja, liebe Frauen, eine lachende, fröhliche, offene Frau kommt bei den Herren viel besser an, als eine, die immer mit

hängenden Mundwinkeln durch die Gegend läuft.

7. Lachen begleitet uns schon durch die ganze Menschheitsgeschichte. Forscher gehen zwar von der These aus, dass Lachen ursprünglich eine Drohgebärde war, doch Lachen gibt es schon so lange, wie es uns Menschen gibt. Selbst in der Bibel wird das Lachen bereits erwähnt. Jedoch wurde Lachen auch geächtet, in der Renaissance etwa wollte man es von den Höfen der Adligen verbannen.

Hier möchte ich ihnen noch eine asiatische Weisheit mit auf den Weg geben:

> *„Gesundheit ist der größte Reichtum.*
> *Zufriedenheit ist der wertvollste Schatz.*
> *Liebe ist der beste Freund des Herzens.*
> *Lachen ist die größte Freude."*

Mit nur 4 Schritten zu mehr Fröhlichkeit

Hier möchte ich ihnen nun zeigen, wie Sie in Ihrem Alltag zu mehr Fröhlichkeit gelangen. Dazu müssen Sie keine Übungen machen oder Seminare besuchen. Alles was es dazu braucht, finden Sie Tag täglich in Ihrem Alltag.

1. *Positives suchen:* das Leben ist hart und anstrengend genug. Meist ist es auch noch sehr ernst. Unser stressiger Alltag, die vielen Pflichten und Termine, da kann das Lachen und die Fröhlichkeit schnell mal auf der Strecke bleiben.

   Deshalb hier mein Rat: suchen Sie bewusst und häufig die Gesellschaft von fröhlichen, humorvollen, dem Leben positiv eingestellten Menschen. Lassen Sie sich vom Lachen anstecken, wann immer es Ihnen möglich ist.

2. *Blödsinn machen:* seien Sie wieder so albern, wie Sie das als Kind waren. Natürlich ist jedem klar, dass es Momente und Situationen in unserem Leben gibt, wo Fröhlichkeit und Ausgelassenheit nicht angebracht, ja sogar völlig unpassend sind. Bei einem ausgelassenen Abend unter Freunden jedoch können Sie gerne wieder das Kind in Ihnen zum Vorschein kommen lassen. Sie kennen doch sicher alle noch das Spiel „Wahrheit oder Pflicht"? Wann haben Sie es zum letzten Mal gespielt in Ihrem Leben? Schon so lange her? Dann wird es aber höchste Zeit, dass Sie es

wieder einmal im Kreis Ihrer Lieben spielen. Eine andere schöne Möglichkeit, um mal wieder richtig albern zu sein ist, dass Sie sich mit Helium gefüllte Ballons oder gleich eine Helium-Flasche besorgen und als Mickey Mouse den Abend bestreiten.

Möglichkeiten, um albern zu sein, um Quatsch zu machen und das Kind in Ihnen zum Vorschein zu bringen, die gibt es, auch in Ihrem Alltag, zu Hauf. Denken Sie sich für das nächste Treffen mit Ihren Freunden ruhig etwas Lustiges aus und überraschen Sie diese dann mit Ihrer Idee!

3. *Humorvoll bleiben:* die kleinen und großen Missgeschicke des Lebens, wer kennt sie nicht? Erstaunlich ist bei denen ja nur, dass sie immer dann passieren, wenn garantiert gefühlt die ganze Welt dabei zuschaut. Versuchen Sie doch ab sofort, sich darüber nicht mehr zu ärgern und aufzuregen, sondern verkehren Sie diese Missgeschicke ins Lustige, ins Absurde. Lachen Sie über sich selbst und ihre Schusseligkeit. Gerne können Sie sich die entsprechende Szene als Slapstick oder als eine Folge von „Verstehen Sie Spaß" vorstellen. Dies ermöglicht Ihnen eine andere Sicht auf die Dinge und Sie werden zufriedener und ausgeglichener, da Sie sich nicht mehr über alles aufregen müssen.

4. *Lustiges suchen:* wir brauchen ein Signal, einen Reiz, damit wir lachen. Das behauptet jedenfalls der Humorist und Komiker Loriot. Also, liebe Leser, suchen Sie nach diesen Reizen, nach den Auslösern! „Verstehen Sie Spaß", oder auch lustige, kuriose

Filmchen, welches Ihnen Freunde per Whats App schicken, schauen Sie diese vermehrt an. Besuchen Sie doch einmal einen Comedian live. Egal, was Sie lustig finden, suchen Sie es sich, so oft wie Sie nur können.

Mit diesen 4 kleinen Tricks, welche Sie allesamt leicht und einfach in ihrem Alltag integrieren können, wird Ihnen das Leben leichter fallen, wird sich ihre Perspektive auf manche Dinge verändern.

Frei nach Hermann Hesse:

> *„Aller Humor fängt damit an, dass man die eigene Person nicht mehr ernst nimmt."*

Glücklich sein nach einem Trauma

Trauma, jeder Mensch weiß doch eigentlich, was das ist, was es bedeutet. Wirklich alle Menschen? Wie kann es dann sein, dass manche Menschen ein Trauma erleiden und wissen gar nichts davon? Diese Menschen leiden an Symptomen und rennen von Arzt zu Arzt, von Klinik zu Klinik, doch niemand kann ihnen wirklich helfen. Der Leidensdruck dieser Menschen muss unglaublich groß, die Verzweiflung schier existenziell sein.

Es werden die verschiedensten Therapien und Medikamente getestet, bei manchen Betroffenen stellt sich auch tatsächlich manchmal eine kurzfristige Verbesserung ein. Die Betonung liegt hier aber auf „kurzfristig", denn meist sind nach ein paar Wochen oder Monaten der Beschwerdefreiheit, mit einem Schlag die Beschwerden wieder voll da, manchmal sogar noch schlimmer, als zu Beginn des Leidensweges.

Bis diese Menschen dann schließlich an den einen Arzt oder Therapeuten geraten, der eben die richtigen Fragen stellt und daraus die richtigen Schlussfolgerungen zieht.

Eine Traumatherapie greift in den meisten, offensichtlichen Fällen recht zügig nach deren Beginn. Doch auch hier muss der passende Ansatz gefunden werden. Ebenso ist es bei einem Trauma, eigentlich bei jeder psychischen Erkrankung, sehr wichtig, ein Vertrauensverhältnis mit dem Arzt oder Therapeuten zu haben bzw. aufzubauen.

Schaut man sich die Statistiken in diesem Fall einmal genauer an, so ist doch erschreckend, dass viele der Betroffenen den

Gang zum Arzt oder Therapeuten erst gar nicht antreten. Sie schämen sich, weil sie psychologische Unterstützung brauchen. Obwohl das ja eigentlich Quatsch ist, denn in unserer aufgeklärten, sozialen Welt sollte offener mit dem Thema umgegangen werden.

Die Opfer irgendwelcher Gewaltverbrechen haben meist schlichtweg Angst vor dem oder den Tätern und suchen aus diesem Grund keine qualifizierte Hilfe auf. Manche leben vielleicht auch nach der Maxime: „Die Zeit heilt alle Wunden!" Doch genau bei einem Trauma kann dies die falsche Einstellung sein, da diese Traumata meist sehr tief verwurzelt sind und es eben doch der fachlichen Unterstützung bedarf.

Was ist aber ein Trauma genau? Der Begriff „Trauma" wird zunehmend als Überbegriff für allerhand psychische Erkrankungen verwendet, dabei muss hier ganz klar differenziert werden. Ein Trauma ist eine natürliche Reaktion unseres Geistes auf eine unnatürliche, außerordentlich belastende Situation. Ein Trauma ist eine Verletzung, eine körperliche oder eine psychische Verletzung. Dabei ist es egal, ob uns diese Verletzung selbst trifft, wir also unmittelbar selbst davon betroffen sind, oder ob wir eine schlimme Situation, welche vielleicht einer anderen Person zugefügt wurde, nur als Augenzeuge erlebt haben. In beiden Fällen kann ein Trauma die Folge sein. Die Gefühle, welche bei einem Trauma entstehen, reichen von furchtbarer Angst, Ohnmacht, Schmerz und Hilflosigkeit bis zu purem Entsetzen. Wenn wir ein Trauma erleiden, so gibt es für uns Menschen nur zwei Möglichkeiten, wie wir darauf reagieren: entweder mit Flucht oder mit Kampf.

Welche Ereignisse können ein Trauma auslösen?

Seit der Flüchtlingskrise ist das Thema „Trauma" und „Traumatisierung" omnipräsent in den Köpfen der Deutschen.

Doch, ein Trauma ist so viel mehr, als „nur Missbrauch". Hier folgt nun eine Liste von Ereignissen, welche ein Trauma verursachen können.

- Erlebnisse während Krieg und Vertreibung, Folter
- Medizinische Eingriffe
- Unfälle (Arbeitsplatz, Verkehr, Sport)
- Naturkatastrophen (etwa der schlimme Tsunami vor einigen Jahren)
- Erlebnisse während der Geburt
- Vernachlässigung in der Kindheit
- früher Verlust der Eltern
- Verlust eines Kindes
- Gewalt, auch sexuell motivierte
- Selbstmord einer nahestehenden Person
- Chronische, lebensbedrohliche Krankheit
- Langanhaltende Belastungen am Arbeitsplatz (Mobbing, Ausgrenzung)
- Langzeitarbeitslosigkeit
- Sexuelle Gewalt oder sonstige gewalttätige Handlungen als Zeuge beobachten
- Miterleben, wie eine nahestehende Person schwer

erkrankt (Krebs eines Kindes o.ä.)
- Als naher Angehöriger miterleben, wie Gewalt angetan wird

Sekundäre Traumatisierung:
- Erlebnisse als Helfer (Feuerwehr, Sanitäter, Polizisten etc.)
- Als Kind mit traumatisierten Eltern oder Großeltern zusammen leben

In der Traumaforschung konnten erstaunliche Beobachtungen gemacht werden. So verkraften wir Menschen Situationen, Traumata, besser, wenn diese nicht von einem anderen Menschen verursacht wurde. So können wir mit Naturkatastrophen besser umgehen, als wenn wir Zeuge einer Gewalttat werden, vielleicht auch noch an einer nahestehenden Person. Das Erleben eines einmaligen, traumatischen Ereignisses wird vom Menschen besser verarbeitet, als jahrelange, traumatische Erlebnisse während der Kindheit. Je näher hierbei die Beziehung zu einem Täter ist, desto ambivalenter die Folgen aus dem Trauma. Der gute Umgang mit einem Trauma wird umso leichter, je mehr und besser unterstützend die Person in Folge begleitet wird. Hier ist unbedingt die Hilfe von vertrauenswürdigen Menschen gefragt. Zusätzlich spielt natürlich eine große Rolle, welche Ressourcen der jeweils Betroffene in sich trägt, um mit einem Trauma fertigzuwerden.

3 Mythen über Traumen

Der erste Irrtum über ein Trauma liegt in seiner Bedeutung. Heutzutage sind wir immer schnell mit unserer Vermutung: „Der/die ist eben traumatisiert." Dabei meinen wir meist die Folgen bzw. das Durchleben eines Schocks bzw. eines Schocktraumas. Das ist wohl die landläufige Meinung und in diesem Zusammenhang hat sich der Begriff „Trauma" in unseren Gehirnen festgesetzt. Auch ist der Begriff „Trauma" immer dann präsent, wenn Menschen unter furchtbaren, lebensbedrohlichen Umständen leben müssen bzw. wenn sie sich auf die Flucht vor diesen Umständen begeben. Diese Umstände sind etwa Krieg und Folter mit einhergehenden sexuellen oder sonstigen Gewalttaten. Auch werden die Folgen von schweren Gewalttaten von uns als Trauma diagnostiziert.

Viele Menschen leiden nach einem, meist als „Routine" bezeichneten operativen Eingriff oft jahrelang an diffusen Störungen. Diese Menschen leiden unvorstellbar, wissen jedoch nicht, warum, was dies ausgelöst hat. Oftmals stellt sich dann heraus, dass diese Menschen bei einem operativen Eingriff traumatisiert wurden. Zwar ist das Bewusstsein während einer Operation durch die Narkose ausgeschaltet, jedoch nimmt unser Körper diese, vermeintlich, lebensbedrohliche Situation doch wahr und reagiert in wachem Zustand dann mit einem Trauma.

Sehr anfällig für Traumatisierungen sind Babys und Kleinkinder. Hier sprechen wir vom sogenannten „Entwicklungstrauma". Beim Baby bzw. Kleinkind kommen viele, von uns Erwachsenen gar nicht als so schlimm empfundene, kleinere Umstände zusammen. In ihrem Auftreten und der Häufigkeit ihres Auftretens im Kindesalter können diese dann das Entwicklungstrauma bedingen.

So kann etwa das Baby, welches stundenlang hilflos alleine gelassen wird, diesen Umstand als lebensbedrohlich auffassen. Diese Situation kann Todesangst beim Säugling verursachen, welche wiederum das Trauma auslöst. Auch eine besonders schwere Geburt kann diese Todesangst auslösen.

Auch kann fehlende Liebe und Vernachlässigung während des Heranwachsens ein Trauma auslösen. Solch traumatisierte Kinder sind für ihr Leben lang stigmatisiert.

Wichtiger Teil des Entwicklungstraumas ist das Bindungstrauma. Während des Heranwachsens haben wir meist eine feste Bezugsperson. Sie ist für uns da, tröstet uns, schenkt uns Liebe. Wir erkennen diese Person an der Stimme, am Geruch. Wir kennen ihr Gesicht und wir spüren, wenn sie um uns ist und sich kümmert. Dies nennt man ein „festes Bindungsmuster".

Diese ganzen Ereignisse beeinflussen uns in einer Zeit, in der wir noch kein „Bewusstsein" haben, Dinge, deren Zusammenhang wir noch nicht erkennen können, lediglich von unseren Gefühlen und Eindrücken geprägt werden. Hier sprechen wir davon, dass dieser Mensch nicht sicher gebunden oder verbunden ist, es fehlt das Gefühl der Sicherheit. Kinder, welche solche Ereignisse durchlebt haben, tun sich im späteren Leben meist sehr schwer. Sie sind nicht in der Lage, Neues zu entdecken, sind nicht neugierig auf die Welt, machen keine prägenden Erfahrungen.

Im Erwachsenenalter fällt es diesen Menschen dann besonders

schwer, feste Bindungen einzugehen und eine funktionierende, befriedigende Partnerschaft einzugehen.

Menschen benötigen Sicherheiten im Leben, auch, und besonders, in der Zeit, in der sie schutz- und hilflos sind, als Babys und Kleinkinder.

In diesem Zusammenhang möchte ich ihnen von einem Experiment berichten. Es ist unter den Namen „Stillface Experiment" bekannt, unter diesem Namen finden sie auch das Video dazu, etwa bei YouTube, schauen Sie es sich unbedingt an. Dieses Experiment wurde durchgeführt von Dr. Edward Tronick, amerikanischer Entwicklungspsychologe.

Zu Beginn des Experiments sieht man eine junge Mutter mit ihrem etwa 1-jährigen Baby. Das Baby sitzt in Augenhöhe vor der Mutter. Beide interagieren miteinander, die Mutter reagiert auf alle Interaktionen des Babys in gleicher Weise, ist dem Baby wohlgesonnen und zeigt ihm dies auch durch einen freundlichen, lächelnden Gesichtsausdruck. Die Stimmung ist positiv, heiter, das Baby gluckst und zeigt auf diverse Punkte hinter der Mutter, die Mutter dreht den Kopf und schaut auf den gezeigten Punkt. Diese Szenen erscheinen uns als „normal", als „gesund".

Dann, plötzlich, wendet sich die Mutter ab, präsentiert dem Baby den Hinterkopf. Als sie sich wieder dem Baby zuwendet, ist ihr Gesicht zu einer ausdruckslosen Maske erstarrt. Bereits nach kurzer Zeit reagiert das Baby auf die eingefrorenen Gesichtszüge der Mutter. Es wird unruhig und versucht mit allen Mitteln, die Aufmerksamkeit, die positive Zuwendung der Mutter wieder zu erreichen, zu gewinnen. Die Mutter jedoch bleibt scheinbar ungerührt von den Interventionen des Babys, reagiert mit keiner erkennbaren Mimik oder Gestik darauf.

Schließlich versteht das Baby sprichwörtlich die Welt nicht mehr, es hebt in völliger Hilflosigkeit beide Hände vor das Gesicht der Mutter, es juchzt und kreischt, bis es sich schließlich, voller Verzweiflung, in einen Weinkrampf stürzt.

Daraufhin wendet sich die Mutter ihrem Baby wieder in freundlicher, empathischer Weise zu und das Baby hört schließlich mit dem Weinen auf und interagiert wieder positiv mit der Mutter.

Dieses Experiment dauerte nur ein paar Minuten, doch es zeigt klar und deutlich, was emotionale Vernachlässigung, selbst wenn sie nur für Minuten anhält, mit den Kleinen anrichten kann. Nun stellen Sie sich einmal vor, dass es Kinder gibt, welche ihr ganzes Leben so aufwachsen mussten. Wie gesagt, schauen Sie sich dieses Video an, dann können Sie einen kleinen Eindruck gewinnen.

Die nächste Allodoxie betrifft die Therapie eines Traumas. Die landläufig vorherrschende Meinung dahingehend sieht so aus, dass es nur umfangreicher Gespräche darüber bedarf und schon tritt eine Heilung ein. Natürlich ist das wiederholte Durchleben, das „sich dieser Ereignisse stellen", ein sehr wichtiger Aspekt in der Therapie eines Traumas, jedoch kann dies nicht die alleinige Therapie sein. Auch sollten diese Rückführungen in die belastenden, traumatisierenden Ereignisse niemals ohne fachliche Begleitung erfolgen, denn der Betroffene erlebt die Situation jedes Mal erneut und durchlebt Angst, Hilflosigkeit und Ohnmacht immer wieder. Ein kompetenter Therapeut kann dann die Situation nutzen und in die Tiefe dieser Gefühle vordringen.

Jedoch sollte nicht nur durch Sprechen eine Therapie erfolgen, es sollte der Körper, als Mitträger der traumatisierenden

Ereignisse, mit in die Therapie integriert werden. Das „darüber sprechen" ist ein Therapiemittel, welches irgendwann erschöpft ist, an Grenzen stößt.

Der letzte Mythos in Bezug auf Traumen bezieht sich auf die Symptome, die Behandlung dieser. Bei einem Trauma gibt es ja nicht „das Eine" Symptom. Meistens kommen mehrere zusammen und erst, wenn die Konzentration am höchsten ist, dann kommt es zum „großen Knall", also, dann meist erst suchen die Betroffenen Hilfe auf. Fragen, welche sich ihnen oft stellen sind etwa: „Muss jedes der Symptome individuell, separat behandelt werden?", oder auch: „Was kann ich machen, um einzelne Symptome zu bekämpfen? Was, um die anderen Symptome in Schach zu halten?"

Hier kommt nun unser Toleranzfenster ins Spiel, es wird auch „Window of Tolerance" genannt. Jeder Mensch besitzt sein eigenes, individuelles Toleranzfenster. Sind wir in ausgeglichener, positiver Stimmung, so schwingt unser Nervensystem innerhalb dieses Toleranzfensters. Innere Anspannung und Entspannung wechseln sich als angenehm empfundene Gemütszustände ab, der Mensch ist in der Lage, seine Handlungen zu reflektieren und sich sozial zu binden.

Vorstellen müssen Sie sich das wie eine Temperaturverlaufskurve. Es gibt den optimalen Bereich. In diesem sind die Schwingungen des Nervensystems in Balance, wir fühlen uns wohl. Tritt nun ein traumatisches oder sonstig belastendes Ereignis ein, so kommt es zu einem Anstieg der Kurve, zu einer Anspannung oder auch Überregung. Die, aus evolutionärer Sicht, einzig richtige Reaktion darauf wäre, dass wir mit Flucht oder Kampf darauf antworten.

Tritt nun aber gar kein Reiz, kein Ereignis auf, bzw. wird der belastende Reiz genommen, so reagieren wir mit Entspannung, mit Unterregung. Es folgt die Erstarrung bzw. die Dissoziation.

Der Abstand der Grenzen unseres Windows of Tolerance zeigt also auf, wie stressresistent wir sind, wie viel Belastung, negative und positive, wir in der Lage sind, auszuhalten.

Der Abstand der Grenzen jedoch ist von Mensch zu Mensch unterschiedlich, hängt ab von den persönlichen Ressourcen, welche jeder in sich trägt. Diese Ressourcen geben uns Sicherheit und Sinnhaftigkeit im Leben, es können Dinge sein wie eine geregelte Arbeit, soziale Kontakte, Bildung, Fähigkeiten, Freunde und Gemeinschaft.

Erstaunlich ist, dass dieses Toleranzfenster sich bereits in den ersten drei Lebensjahren bei uns bildet. Hauptsächlichen Einfluss hat darauf, wie gut oder schlecht unsere Bindung zu unseren Eltern bzw. der ersten Bezugsperson in unserem frühen Leben war. Dabei geht es um alltägliche, selbstverständliche Dinge wie: die Liebe, die uns entgegengebracht wurde, ob wir gut genährt wurden, wie fürsorglich unsere Eltern uns behandelt haben, ob sie für uns da waren, wenn wir sie brauchten, aber auch, ob sie uns Grenzen aufgezeigt haben, Wege, um uns selbst zu regulieren. Mit ihrem eigenen Verhalten haben unsere Eltern also unser Toleranzfenster geprägt.

Ist dieses Fenster, dieser „grüne Bereich" nun also sehr eng, so gehemmter und eingeschränkter wird dieser Mensch dann im Leben sein. Dieser Mensch befindet sich in einer ständigen Über- und Unterregung und hat nie gelernt, sich selbst zu regulieren, für eine konstante Gemütsverfassung zu sorgen.

Bei einem Trauma tritt also eine Störung der Selbstregulierung auf. Arbeitet man nun mit einem Therapeuten zusammen, so wird dieser versuchen, das Toleranzfenster, den „grünen Bereich" zu vergrößern, zu erweitern. Er wird, so behutsam wie möglich, doch so zielgerichtet wie nötig, den Betroffenen dazu anleiten, sich selbst wieder in einem angemessenen Rahmen zu regulieren. Er steht damit stellvertretend für die eigenen Eltern des Betroffenen, welche dieses immer versäumt hatten. So kann der Therapeut auch Jahre später noch eine Neujustierung des Nervensystems erreichen.

An einem Trauma wachsen

Völlig unmöglich, werden Sie nun vielleicht sagen. Die Erlebnisse, welche ein Trauma auslösen sind schlichtweg zu schlimm, als dass man etwas Positives daraus ziehen könnte. Da stimme ich ihnen zu. Teilweise. Denn, wie könnte man sonst die ganzen Berichte erklären, wo Menschen tatsächlich erzählen, dass sie nach einem traumatischen Erlebnis bewusster, leidenschaftlicher leben? Dass sie sich reifer, gestärkt fühlen nach solch einer schlimmen Begebenheit? Und es gibt sie tatsächlich, diese Menschen!

Richard Tedeschi, amerikanischer Psychologe und sein Kollege, Lawrence Calhoun, ebenfalls amerikanischer Psychologe, machten sich auf und wollten herausfinden, was „Weisheit" bedeutet, wodurch sie entsteht. Sie suchten also ganz bewusst nach Menschen, welche persönliche Tragödien in ihrem Leben erlebt hatten. Sie sprachen etwa mit Opfern von Kriegen oder mit Menschen, die in jungen Jahren persönliche Verluste zu überwinden hatten.

Diese Menschen berichteten den Wissenschaftlern, dass diese Erlebnisse nicht nur schlimm für sie waren, sie hätten durchaus auch etwas Positives daraus gezogen. Ganze zehn Jahre befragten Tedeschi und Calhoun solche, vom Schicksal ge-beutelte Menschen, dann bekam das Kind einen Namen: Posttraumatic Growth(PTG). Dieser Begriff wird 1:1 ins Deutsche übersetzt, posttraumatisches Wachstum oder auch Reifung.

Da wir Menschen alle sehr individuell auf bestimmte Sit-uationen reagieren, dürfte es Sie nun nicht verwundern, dass dies auch bei Traumen der Fall ist. Manche Menschen scheinen Traumatisches leicht und einfach wegzustecken. Sie finden und kehren scheinbar mühelos in ihren Alltag zurück und machen genau da weiter, wo sie vor dem traumatischen Erlebnis aufgehört haben. Hierzu sagen die Wissenschaftler „Resilienz", dies beschreibt ihre mentale Resistenz gegen alle Arten von Krisen.

Jedoch andere Menschen werden von einem traumatischen Erlebnis regelrecht aus dem Leben gerissen und überdenken fortan ihre komplette Einstellung über das Leben.

Über viele Jahre standen nur die negativen Auswirkungen von Traumen im Fokus der Wissenschaft. Jedoch ist das Prinzip der PTG bereits im antiken Griechenland in diversen Dramen beschrieben, es ist also kein Kind der Neuzeit. In den alten griechischen Sagen zog der „Star" also in irgendeine Schlacht, meist ging es dabei um eine Frau, fand dort aber nichts weiter als Risiko und Schaden. Daraufhin zog er dann wieder in die Heimat, innerlich gereift und als scheinbar „anderer, neuer Mensch".

Dabei ist „Reifen" hier nicht gleichzusetzen mit „Glücklichsein" oder auch in besserer mentaler Verfassung zu sein. Die Betroffenen einer solchen „Reifung" berichten, dass sie lediglich intensiver, leidenschaftlicher leben und nun einen Sinn in ihrem Leben sehen, einen Sinn, den sie zuvor nicht erkennen konnten. Sie wissen nun um ihre Stärken und haben erfahren, was echte Freundschaft ausmacht. Doch das Sprichwort: „Was mich nicht tötet, härtet mich ab" trifft hier den Nagel nicht ganz auf den Kopf, denn die Betroffenen berichten durchweg, dass das Erlebnis sie emotionaler, verletzlicher gemacht hat. Dadurch sei es ihnen aber auch möglich, einfühlsamer zu sein.

Nun wächst aber nicht jeder Mensch nach einem traumatischen Erlebnis. Was es jedoch bedingt, daran zu reifen, das konnte nicht stichhaltig herausgefunden werden. Jedoch gehen die Wissenschaftler davon aus, dass bestimmte Charaktereigenschaften, etwa Mut und Offenheit für Neues, zu einer persönlichen Reifung nach einem Trauma beitragen. Auch ist es hilfreich, wenn die Betroffenen verstehen können, was das Trauma in ihnen auslöst, wie es sie verändert hat. Wenn sie sich dann noch zutrauen, mit den Folgen klarzukommen, dann ist das schon der erste Schritt in die richtige Richtung. Sehr hilfreich ist es dann, eine nahestehende Person zu haben, welche mit viel Empathie und Verständnis dem Betroffenen einfach nur zuhört und ihm wieder Hoffnung macht. Dies kann natürlich auch ein kundiger Therapeut sein.

Besonders zu erwähnen ist noch, dass vor allem solche Menschen an einem Trauma wachsen, welche besonders schwer aus der Bahn geworfen wurden. Dies liegt darin begründet, dass bei diesen Menschen die Welt dermaßen aus den Fugen gerät, dass sie sich zwangsläufig verändern müssen.

Eine zu hohe Belastung allerdings steht dem Prozess der Reifung eher im Weg, blockiert diese.

Jedoch muss hier ganz klar festgestellt werden, dass nicht jeder Betroffene eines Traumas auch daran wächst. Erzwingen kann man es auf keinen Fall. So sollen Betroffene nicht zu reifen „gedrängt" werden, dies würde nur neue mentale Störungen nach sich ziehen und helfen würde es dem Betroffenen überhaupt nicht.

Real oder doch nur eingebildet?

Geht man nach den Ergebnissen von Studien, so erleben nach einem Trauma etwa 50-80% der Betroffenen ein posttraumatisches Wachstum. Viele der Wissenschaftler sehen diese Aussage jedoch mit gewissen Vorbehalten. Sie vertreten die Meinung, dass diese nicht stichhaltig überprüft werden können. Dagegen hält Richard Tedeschi, dass man zur Anamnese der negativen Symptome ja auch nur auf das aufbauen könne, was die Betroffenen eben schildern. Warum sei das dann bei scheinbar positiven Änderungen dann nicht auch in gleichem Umfang möglich?

Die gleiche Ansicht vertritt auch Christine Schubert, Therapeutin an der psychotherapeutischen Hochschulambulanz der Münchner Uni. Sie erforscht seit vielen Jahren das Phänomen PTG (posttraumatisches Wachstum), hat hierzu sogar promoviert. Auch sie attestiert, dass eine Reifung nach einem Trauma schwer fundiert werden kann, jedoch ist das subjektive Empfinden dieser Reifung für den Betroffenen ein hilfreicher, heilungsfördernder Umstand. Diesen nun in Abrede zu stellen, ihn vielleicht sogar als „Humbug" zu bezeichnen ist daher der völlig falsche Weg und es sollte den Betroffenen auch nichts Derartiges nahegelegt werden.

Empfindet ein Betroffener tatsächlich, dass er an dem traumatischen Erlebnis gewachsen ist, so sollte dieses Empfinden positiv unterstützt, ja, gestärkt werden. Hier ergibt sich nämlich ein wunderbarer Ansatzpunkt für eine weitere Therapie.

Posttraumatische Belastungsstörung (PTBS)

Dieser Begriff wird vielen von ihnen bekannt sein. Wir hörten sie immer im Zusammenhang mit dem Irakkrieg gegen Sadam Hussein. Viele amerikanische Soldaten leiden bis heute darunter, haben seither ihr Leben nicht mehr im Griff und sind keine Mitglieder der Gesellschaft mehr. Ganze Familien sind an diesen Beschwerden zerbrochen. Die Symptome sind sehr vielfältig. Sie reichen von Angst- und Panikstörungen, Essstörungen, Suchtkrankheiten bis hin zu körperlichen Beschwerden und der Entwicklung einer Borderline Persönlichkeitsstörung.

Dabei kann sich die PTBS nach einem traumatischen Erlebnis gar erst Wochen, Monate oder Jahre später manifestieren, dies macht eine gezielte Diagnose dieser Erkrankung so unglaublich schwierig. Ein Viertel der Betroffenen eines Traumas entwickeln danach eine PTBS.

Charakteristika einer posttraumatischen Belastungsstörung

Zur Identifikation einer PTBS können besondere Charakteristika das Vorhandensein selbiger untermauern.

- *Flashbacks:* dieses Phänomen sollte einigen von ihnen aus diversen Kriegs- und Antikriegsfilmen bekannt sein. Das sind dann immer die Szenen, in denen der Hauptdarsteller einen bestimmten Reiz, auch „Trigger" genannt, erhält und sich dann wieder in der traumatischen Situation befindet. Meistens ist es in den Filmen so, dass der Protagonist etwa einen Schuss hört und sich dann wieder an der Front wähnt. Unbeteiligte Passanten nehmen dabei die Rolle des „Feindes" ein, werden vom Betroffenen auch als diese gesehen und empfunden. Es hat sogar schon Berichte gegeben, wonach Betroffene von PTBS ihre Angehörigen mit Waffen bedroht haben, weil sie dachten, diese seien der Feind. Dass solch eine Grundstimmung ein harmonisches Zusammenleben beinahe unmöglich machen, das kann sicher jeder nachvollziehen.

- *Ausschluss:* der Betroffene vermeidet alles, was einen Trigger darstellen könnte. Das können Orte, Situationen oder auch bestimmte Personen sein. Alles, was diesen Reiz auslösen könnte, wird fortan von Betroffenen gemieden. Dies kann grundsätzlich alles sein, ein Geruch, bestimmte Geräusche, eine Stimme, Tonlage oder Äußerung oder eine simple

Berührung. Erlebt der Betroffene diesen Reiz, dann fühlt er sich wieder in die traumatische Situation versetzt.

Meist sind diese Auslöser jedoch dem Betroffenen nicht bewusst, somit ist auch kein Schutz vor einer erneuten Angststörung möglich.

-*Chronische Anspannung:* erinnern Sie sich noch an die Kurve aus dem Window of Tolerance? Diesem „grünen Bereich"? Was denken Sie, macht es mit einem Menschen, der ständig unter Anspannung, ja fortwährender Überregung steht? Dieser Mensch büßt einen großen Teil seiner Lebensqualität ein. Dieser Mensch wähnt sich in einer ständigen Bedrohung an Leib und Leben. Er wird Symptome entwickeln wie: innere Unruhe, Schreckhaftigkeit, Überwachsamkeit, Erschöpfung, Schlafstörungen und nachlassende Belastbarkeit.

Wie geht man am besten mit einem Trauma um?

Natürlich, und das haben wir schon gehört, muss der Betroffene erst einmal Akzeptanz dem Trauma gegenüber an den Tag legen. Das Schlimme ist geschehen und es kann auch nicht mehr rückgängig gemacht werden. Kein Mensch kann die Uhren zurückdrehen, ich habe mir das auch schon sehr oft gewünscht.

Dabei ist es wichtig, die Erinnerungen, welche sich automatisch immer wieder einstellen, geschehen zu lassen. Das Schöne an diesen Erinnerungen ist ja, dass sie auch automatisch immer wieder verschwinden.

Wenn die Erinnerungen also kommen, dann verkriechen Sie sich nicht im Haus, sondern suchen Sie gezielt die Gesellschaft von ihnen lieben Personen auf. Gerne können Sie auch, wenn das Vertrauensverhältnis groß genug ist, über ihre Erlebnisse mit der Person reden, müssen aber nicht.

Dabei können die nahestehenden Personen auch von sich aus ihre Hilfe anbieten. Sie haben einen Freund oder eine gute Bekannte, welche(r) unter Symptomen leidet? Gehen Sie auf die Person zu und bieten Sie sich ihr oder ihm als Gesprächspartner an. Oftmals scheuen sich stark traumatisierte Menschen bei anderen um Hilfe zu bitten. Sie empfinden sich als „Last", als „Problem", sie wollen den Anderen keine Arbeit und Ungemach bereiten. Das ist fatal, denn mit dieser Einstellung verschlechtert sich deren Zustand und Position erheblich. Nichts wird besser, wenn man es totschweigt. Also, wenn Sie den Verdacht haben, dass in ihrem Freundes- und

Bekanntenkreis jemand traumatisiert ist, dann bieten Sie sich an. Natürlich müssen Sie, um der Person eine Stütze und Hilfe zu sein, selbst über genügend innere Ressourcen verfügen, damit Sie das Gesagte dann auch verkraften können. Es bringt nämlich gar nichts, wenn Sie unter den Schilderungen des Betroffenen leiden und dann vielleicht auch Zusammenbrechen. Deshalb ist es wirklich von zentraler Bedeutung, dass Sie emotional stark und ausbalanciert sind, damit Sie die, bestimmt teils schockierenden, Erzählungen auch gut verarbeiten können und dem Betroffenen eine Stütze sein können.

Auch ist es immer gut, sich beim Verdacht auf ein Trauma gut und umfassend zu informieren. Dies ist besonders wichtig, um die Symptome klar deuten zu können. Gerne können Sie dazu wieder einen Vertrauten zu Rate ziehen, da Außenstehende oftmals einen anderen Blickwinkel auf verschiedene Aspekte haben.

Um die seelische Ausgeglichenheit wiederzuerlangen ist es außerdem enorm wichtig, dass Sie sich nicht gehen lassen. Achten Sie auf eine gesunde, ausgewogene Ernährung, gönnen Sie sich ausreichend Schlaf, die Qualität ist hier wichtig, nicht die Quantität und kümmern Sie sich weiterhin gewissenhaft um ihre Freunde, ihre Familie, verlieren Sie ihre finanzielle Situation nicht aus den Augen und versuchen Sie, ihrer Erwerbstätigkeit weiterhin nachzugehen.

Suchen Sie sich auf jeden Fall Ablenkung. Dies kann in musikalischer Form sein, Sie können aber auch gerne lesen. Arbeiten Sie im Garten, gehen Sie Ihren Hobbys nach. Egal, was Sie am besten ablenkt, tun Sie das.

Wenn jedoch alle Versuche, eine Verbesserung zu erreichen

nicht helfen, dann scheuen Sie sich nicht davor und bitten Sie um professionelle Hilfe. Wenn Sie ein vertrauensvolles Verhältnis zu Ihrem Hausarzt haben, so offenbaren Sie sich ihm. Er wird Sie an die Fachkollegen verweisen und diese werden dann gezielt eine Therapie mit Ihnen erarbeiten. Wichtig hierbei ist es nur, dass Sie zu dem Arzt oder Therapeuten ein gutes Verhältnis entwickeln können. Traumatisierte Menschen haben oftmals „ganz feine Antennen", wer ihnen guttut bzw. wem sie sich anvertrauen können. Hören Sie auf ihr Bauchgefühl, es wird ihnen sagen, ob der Therapeut für Sie geeignet ist oder nicht.

Grundsätzlich gilt für Betroffene eines Traumas: tun Sie alles, was Ihnen Spaß macht, was Sie ablenkt und Ihnen positive Gefühle bringt. Gehen Sie barfuß über ein Stoppelfeld, legen Sie sich in eine blühende, duftende Blumenwiese. Immer wieder gut für Ablenkung sorgt, wenn Sie sich etwa ehrenamtlich engagieren. Gerade die Kleinsten sind für Hilfe jeder Art ausgesprochen dankbar. Und der positive Neben-effekt: Sie tun nicht nur etwas Wichtiges für die Gesellschaft, Sie profitieren auch von der unbeschwerten Art und Weise, wie Kinder noch die Welt sehen. Für sie existieren solche Begriffe wie „Trauma" oder „psychische Störung" meist nicht und so wird ihrem schlimmen Erlebnis hier einfach kein Raum gegeben.

Wie können die Familie und der Freundes- und Bekanntenkreis helfen?

Für die Angehörigen kann es mächtig belastend sein, wenn jemand der Familie unter einem Trauma leidet. Die meisten Menschen sind mit solch einer Situation schlichtweg überfordert und es ist nicht selten, dass Familien daran zugrunde gehen. Aus diesem Grund ist es auch, und vor allem, für die Ange-hörigen von Betroffenen enorm wichtig, wenn sie wissen, wie und wodurch sie Ihren Lieben helfen können, damit ein harmonisches Weiterleben möglich ist.

- **Zuhören:** wann immer der Betroffene über seine Erlebnisse sprechen möchte, versuchen Sie, sich Zeit für diese Person zu nehmen. Im Gegenzug jedoch bedrängen Sie den Betroffenen nicht, zu reden. Er wird sicher selbst spüren, wann er bereit ist, mit Ihnen, oder generell, über seine Erlebnisse zu sprechen.

- **Ermuntern:** zeigen Sie dem Betroffenen Möglichkeiten auf, wie er sich selbst etwas Gutes tun kann. Holen Sie Ihn etwa zu einem langen Spaziergang durch den Wald ab, planen Sie einen Wellness Kurztrip mit ihm oder gehen Sie mit ihm in die Sauna. Bestärken Sie den Betroffenen darin, sich professionelle Hilfe zu suchen, jedoch auch hier oberstes Gebot: drängen Sie ihn auf keinen Fall dazu! Auch drohen hilft niemanden weiter (etwa: „Wenn du dir nun nicht endlich Hilfe suchst, dann…."), das würde eher das Gegenteil erreichen.

- **Glauben:** der Betroffene wird einen Weg finden, um mit den schlimmen Ereignissen klar zu kommen, glauben Sie daran! Vermitteln Sie das auch so dem Betroffenen. Sagen Sie ihm ruhig, dass Sie ihm Vertrauen, einen Weg für sich zu finden. Bieten Sie sich an, ihn jederzeit nach Kräften zu unterstützen.

- **Präsent sein:** wenn Sie sich dazu entscheiden, einem traumatisierten Menschen zu helfen, dann machen Sie sich bewusst, dass diese Hilfe nicht nur über eine absehbare Zeit in Anspruch genommen werden wird. Oftmals zeigen sich die Symptome erst wochen- oder monatelang gar nicht, nur um dann, mit unglaublicher Heftigkeit, an die Oberfläche zu brechen. Vermitteln Sie dem Betroffenen, dass Sie für ihn da sind, auch wenn er das Bedürfnis zu reden erst in ein paar Wochen verspürt.

- **Annehmen:** der Traumatisierte wird nicht mehr dieselbe Person sein, als vor dem Erlebnis. Akzeptieren Sie diesen Umstand, so wie auch der Betroffene die Ereignisse akzeptieren muss. Ein jeder unter Ihnen wird verstehen, dass „so etwas" nicht spurlos an einem Menschen vorbeigehen kann, dass es den Menschen verändert.

- **Therapieren:** versuchen Sie sich auf keinen Fall als „Laientherapeut". Bombardieren Sie ihn nicht mit zig verschiedenen Möglichkeiten, wie er „wieder auf die Beine kommt". Der Betroffene soll sich bewusst mit seiner Erkrankung auseinandersetzen und für sich selbst einen individuellen Weg finden, um die Krise zu überwinden. Zu viele, sicher gut gemeinte Ansätze würden hier nur Verwirrung stiften und der Weg wäre für den Betroffenen nicht mehr zu erkennen. Hier passt das schöne

Sprichwort: „Der Weg ist das Ziel." Lassen Sie also den Betroffenen diesen Weg selbst suchen und finden.

- **Trösten:** alte Weisheiten á la: „Morgen wird auch für dich die Sonne wieder scheinen" oder „schlaf' eine Nacht darüber, dann sieht alles ganz anders aus" helfen dem Betroffenen überhaupt nicht, sind sie auch noch so gut gemeint.

- **Ungeduld:** auch wenn Sie den Betroffenen versuchen zu drängen, wird das die Situation nicht verbessern. Aus diesem Grund ersparen Sie sich und dem Betroffenen Aussprüche wie: „Nun ist schon so viel Zeit vergangen, kannst du das nicht endlich ad acta legen?" Eine so schwere Persönlichkeitsstörung braucht viel Zeit und Geduld!

- **Versprechen:** wenn Sie dem Betroffenen Versprechungen machen, so sorgen Sie auch dafür, dass Sie in der Lage sind, diese auch einzuhalten. Der Betroffene verlässt sich auf Ihr Wort, würden Sie ihn enttäuschen, dass würde ihn ein großes Stück zurückwerfen.

- **Bemuttern:** es ist ja ein schöner Zug, wenn Sie den Betroffenen zu Beginn seiner Erkrankung mit Rat und Tat unterstützen. Doch irgendwann sollte er wieder selbst dazu in der Lage sein, sein Leben zu führen. Wenn Sie das Gefühl haben, dass der Betroffene ihre Hilfe nur noch „der Bequemlichkeit halber" annimmt bzw. ausnützt, so signalisieren Sie ihm, dass Sie nicht seine Mutter sind und er gewisse Verantwortungen wieder selbst für sich übernehmen muss. Dazu müssen Sie nicht barsch werden oder vorwurfsvoll, aber bestimmt sollten Sie schon dabei herüberkommen.

Wieder glücklich durch Selbsthilfe

Es ist nach einem Trauma durchaus möglich, wieder glücklich zu werden. Meist können die Betroffenen selbst sehr viel zu einer ersten Verbesserung beitragen. Dazu ist es nötig, sich an einige Grundsätze zu halten. Hier habe ich Ihnen noch einmal alle Tricks zusammengefasst, wie Sie sich im Falle einer Traumatisierung selbst helfen können. Diese Punkte sind keinesfalls als geeignete, alleinige Therapie zu verstehen, es sind lediglich Tipps, welche Ihnen den Alltag erleichtern sollen. Wenn die Beschwerden bei Ihnen für längere Zeit in unveränderter Form bestehen bleiben, so konsultieren Sie unbedingt einen Arzt oder Therapeuten ihres Vertrauens.

Hier nun die Tipps für einen entspannten Alltag:

1. Um aus einem Flashback wieder herauszukommen, eignen sich Methoden wie den inneren Wohlfühlort zu finden, auch Tresorübung genannt. Den inneren Wohlfühlort erreichen Sie, indem Sie sich an einen Ort aus der Vergangenheit erinnern, an welchem Sie die absolute Glückseligkeit erfahren haben. Stellen Sie sich die Szenerie vor Ihrem geistigen, dem inneren Auge vor. Seien Sie dazu so detailreich wie nur möglich. Nehmen Sie den Ort mit all Ihren Sinnen wahr (Hören, Riechen, Schmecken, Fühlen, Sehen) und achten Sie auch genau auf Ihre Emotionen. Je öfter Sie sich nun diesen schönen, friedlichen Ort vorstellen (visualisieren), desto einfacher wird es

Ihnen fallen, diesen immer schneller und leichter zu erreichen.

2. Strukturieren Sie sich Ihren Tagesablauf. Sorgen Sie dafür, dass Sie immer zur gleichen Zeit aufstehen, planen Sie genügend Zeit für ein ausgiebiges Frühstück. Ein gesundes und ausgewogenes sollte es im Idealfall sein. Halten Sie sich an feste Zeiten und Termine und geben Sie so Ihrem Leben wieder die nötige Struktur.

3. Unnötige Belastungen, wie etwa gewalttätige Filme oder sonstige Zurschaustellung von Gewalttaten, sollten Sie tunlichst meiden. Dies könnte unter Umständen wieder zu einem Flashback führen.

4. Eine ausgewogene, gesunde Ernährung sollte Sie jeden Tag bei Kräften halten, frei nach dem Motto: „Du bist, was du isst".

5. Sorgen Sie für ausreichend Bewegung an der frischen Luft. Auch wenn das Wetter einmal nicht so schön ist, es gibt für jede Witterung die passende Bekleidung, so dass Sie hier keine Ausrede mehr haben. Besiegen Sie Ihren inneren Schweinehund und machen Sie sich auf in die Natur! Manche Menschen ziehen etwa Kräfte aus besonders alten Bäumen. Diesen wird eine besondere Macht zugesprochen und viele Menschen haben schon davon berichtet, dass sie eine besondere Kraft gespürt haben, wenn sie solch einen alten Baum umarmt haben. Versuchen Sie es doch auch einmal, vielleicht können Sie es ja auch spüren und es kann Ihnen helfen.

6. Sport ist auch eine hervorragende Möglichkeit um a)

Stresshormone abzubauen und b) sich abzulenken. Der positive Nebeneffekt: Sie tragen zur Gesunderhaltung Ihres Körpers bei. Nur in einem gesunden Körper kann auch ein gesunder Geist stecken.

7. Ehrenamtliche Tätigkeiten erhöhen nicht nur das Selbstwertgefühl, es stärkt auch die Gemeinschaft! Versuchen Sie daher, sich ehrenamtlich zu engagieren. Besonders förderlich ist die Arbeit mit Tieren oder Kindern, diese werden Ihnen das meiste Feedback geben.

8. Zeit für sich nehmen! Das ist fast der wichtigste Tipp von allen. In dieser Zeit befassen Sie sich nur mit sich, mit Ihrem Inneren. Gerne können Sie in dieser Zeit meditieren oder Yoga machen. Auch Atemübungen haben sich hier bewährt.

9. Verfallen Sie in keine Sucht. Viele Menschen stürzen auf der Suche nach Hilfe in eine Sucht. Vor allem der Alkohol, ist hier ein fatales Mittel, um Erleichterung zu erfahren. Lassen Sie die Finger weg von sämtlichen Substanzen, welche Ihre Wahrnehmung beeinflussen. Die anfängliche, vermeintliche Verbesserung wird sich schon bald ins Gegenteil verkehren und Sie müssen sich auch noch um die Bekämpfung einer Sucht Gedanken machen.

10. Reden Sie mit Vertrauten. Wenn Sie spüren, dass die Zeit für Gespräche reif ist, so vertrauen Sie sich jemanden aus dem Familien-, Freundes- oder Bekanntenkreis an. Diesem Jemand müssen Sie aber absolutes Vertrauen entgegenbringen, ansonsten können Sie sich nicht richtig öffnen und es wäre

vergebliche Müh.

11. Sorgen Sie für schöne Momente. Lassen Sie sich ein duftendes, entspannendes Vollbad in die Wanne ein. Platzieren Sie auf dem Rand ein paar Kerzen, dimmen Sie das Licht und hören Sie entspannende Musik oder ein schönes Hörbuch.

12. Wenn Sie das Gefühl haben, der Kontakt zu anderen Betroffenen könnte Ihnen eine Hilfe sein, dann schauen Sie sich im Internet nach geeigneten Gruppen um. Achten Sie aber in jedem Fall darauf, dass die Treffen von einem kundigen Therapeuten geleitet werden.

13. Tun Sie alles das, von dem Sie denken, dass es Ihnen hilft. Nehmen Sie dabei keine Rücksicht darauf, was andere davon halten, tun Sie es einfach! Alles was ihnen Freude macht, alles was Sie ablenkt, tun Sie es! Wann immer und wo immer Ihnen danach ist!

Konversionsstörung

Auch gerne als „moderne Art der Hysterie" bezeichnet. Konversion beschreibt das Phänomen, wenn eine seelische Erkrankung zu einer körperlichen wird. Dabei werden die traumatischen Erlebnisse in eine körperliche Erkrankung transformiert, nur noch die körperlichen Symptome erinnern an das Trauma.

Die Geschichte der Hysterie ist eine Lange.

Jahrhundertelang waren es die Männer, die Hysterie als klassische, mit Abwertung belegte, Frauenkrankheit darstellten. Diese Ansicht wandelte sich, wie so vieles, im Laufe der Zeit und heute werden Konversionsstörungen oft als Begleiterscheinung bzw. Folgeproblemen bei lebensbedrohlichen, existenziellen Ereignissen und extremen Belastungen während eines Traumas beschrieben.

Die Anzahl der Betroffenen, die nach einem sexuell motivierten Trauma eine Konversionsstörung entwickeln, steigt dabei ständig. Die restliche Zahl der Betroffenen setzte sich aus Patienten zusammen, welche sonstige psychosoziale Belastungen erleben. Besonders häufig sind hier Patienten zu finden, welche unter einem drohenden Verlust oder der Trennung von einer zentralen Bezugsperson leiden.

So werden bei der Konversionsstörung die schmerzlichen und unerträglichen seelischen Schmerzen vom Bewusstsein abgespalten(dissoziiert) und diese treten dann nur noch in körperlicher Form auf. Die Dissoziation ist eine überlebenswichtige, allen Menschen innewohnende Technik, um auch nach überwältigenden traumatischen Ereignissen das eigene Selbstbild nicht völlig zu verlieren.

Der traumatisierten Person ist es somit möglich, aus dem Körper zu treten, ähnlich einem unbeteiligten Zuschauer, und die Schmerzen und das Leiden aus einiger Entfernung zu betrachten. Unter Umständen wird der Betroffene sich so später nicht mehr an die traumatischen Ereignisse erinnern, diese sind jedoch weiterhin in seinem Bewusstsein gespeichert.

Der Betroffene versucht fortan, belastende Situationen, Trigger oder Reize, zu vermeiden und je krampfhafter sie Situationen, Ereignisse und Umstände auf deren Gefahr diesbezüglich sondieren und ihre Vermeidungsstrategien anwenden, desto häufiger scheitern sie daran. Dies öffnet Flashbacks etwa Tür und Tor, es kann zu Schlafstörungen und ungewollten Erinnerungen kommen oder es äußert sich eben dann auch in Konversionsstörungen.

Aber auch bei dieser psychischen Störung gibt es für die Betroffenen Hilfe und auch hier kann wieder ein lebenswerter, glücklicher Zustand erreicht werden.

Herr Rossi sucht das Glück- Fazit

Liebe Leser, ich weiß nicht, ob Sie den Herrn Rossi kennen. Ich jedenfalls kenne diese kleinen Zeichentrickfilmchen noch sehr gut. Für alle unter Ihnen, die Herrn Rossi nicht kennen, hier eine kleine Zusammenfassung:

Herr Rossi ist ein Arbeiter in einer Fischfabrik. Er ist zunehmend unzufrieden in seinem kleinen, unbedeutenden Leben. Zusätzlich macht ihm der überhebliche, cholerische Chef das Leben schwer und der Umstand, dass die schicke, luxuriöse Villa von diesem neben Rossis kleinem, unscheinbaren Häuschen steht, trägt zum Selbstbewusstsein Herrn Rossis nicht gerade bei. Und auch der Hund des Chefs, Gaston, scheint es darauf abzusehen, Herrn Rossi zu tyrannisieren, mit seinem ständigen Gekläffe.

Eines Tages erscheint Herrn Rossi dann eine Fee, welche ihm eine magische Trillerpfeife schenkt. Mit dieser Pfeife ist es Herrn Rossi möglich, durch Zeit und Raum zu reisen, um dort sein Glück zu finden. Hund Gaston begleitete ihn auf diesen Reisen, konnte nach dem Besuch einer Pirateninsel sogar sprechen und wurde Herrn Rossi zunehmend zum Freund.

In jedem neuen Film stoßen die beiden Reisenden dann auf neue Widrigkeiten und auch der ungeliebte Chef taucht in unterschiedlichen Rollen immer wieder als Hindernis auf. Und so suchen die Zwei unaufhörlich nach dem Glück, nur um am Ende einer jeden Folge wieder erfolglos nach Hause zurückzukehren.

Jedoch kommt das Glück am Ende der Serie dann doch noch zu Herrn Rossi und Gaston, denn der hochnäsige Chef bläst seinerseits in die Trillerpfeife und ist dann verschwunden.

Sie sehen, liebe Leser, auch hier ist das Glück schließlich doch noch zu Herrn Rossi gekommen, er brauchte nur lange genug zu warten.

Wenn Sie aber nicht mehr länger auf Ihr Glück warten wollen, dann sorgen Sie selbst dafür, dass Sie es erleben. Gerade im Frühling, wenn die Natur langsam wieder aus dem Winterschlaf erwacht, kann man die kleinen Wunder des Lebens noch beobachten und kann sein Glück daraus ziehen. Ich persönlich etwa freue mich immer wahnsinnig, wenn ich den ersten Schmetterling des neuen Jahres fliegen sehe. Diese Geschöpfe sind einfach ein Wunderwerk der Natur und in ihrer filigranen, grazilen Erscheinung mit nichts auf der Welt zu vergleichen.

Suchen Sie bewusst nach den kleinen Wundern des Lebens, wenn Sie sich einmal in einer dunklen Zeit befinden. Erfreuen Sie sich daran und ziehen Sie alle positiven Gefühle daraus.

Gönnen Sie sich auch ab und zu etwas Gutes. Das muss nichts Materielles sein, sorgen Sie stattdessen für schöne, unvergessliche Momente mit Ihren Lieben. Gehen Sie etwa mit Ihrer ganzen Familie in den Freizeitpark oder in den Zoo.

Gerne können Sie sich auch eine Sportart suchen, welche

Sie ab jetzt ausüben. Besonders geeignet sind hier Mannschaftssportarten, denn diese fördern das „Wir-Gefühl" und sie sind sehr gut für das Selbstbewusstsein.

Glück zu haben ist ein sehr subtiles, individuelles Gefühl oder Empfinden. Je nach Standpunkt und Anforderung ist es für den Einen eben die Blockhütte im Wald, ohne Strom und fließend Wasser, und für den Anderen ist es das schicke Penthouse in New York City. Jeder Mensch hat eine eigene Definition vom individuellen Glück, was den Nachbar unglaublich glücklich macht, das kann bei mir nicht einmal ein Lächeln hervorbringen.

Jedoch ist, dauerhaftes, echtes, langanhaltendes Glück keinesfalls im Materiellen zu finden. Das kurze Glück, dass uns beim Kauf eines neuen Gegenstandes durchflutet, das ebbt genauso schnell wieder ab und es verliert schon kurze Zeit später seine Bedeutung. Um dieses Glück dann wieder spüren zu können, hetzen die Menschen dann los und wollen das nächste Glücksgefühl einfangen. Dabei merken sie gar nicht, wie sie einer Schimäre hinterherjagen.

Sie aber, liebe Leser, Sie wissen nun was echtes, wahres Glück ist: jeden Tag erneut dankbar sein zu können! Dankbar für den funktionierenden Körper, für den guten Job, für die erfolgreichen Kinder. Dankbar auch für die vielen befriedigenden sozialen Beziehungen, die schönen, unvergesslichen Momente im Kreis der Lieben, dankbar sein zu können, dass man einfach IST und SEIN KANN!

Liebe Leser, ich hoffe, ich konnte Ihnen die Augen etwas öffnen und Ihren Blick schärfen für die kleinen Glücke des Alltags. Sie haben sicherlich gelernt, dass nur Sie selbst Ihr Glück bestimmen. Halten Sie daran fest, lassen Sie sich nicht von ihrem Weg abbringen. Suchen Sie für sich die Dinge, welche versprechen, Sie glücklich zu machen. Wenn Sie sie gefunden haben, so bewahren Sie diese in Ihrem Inneren. Viel Glück!

Zeitfracht Medien GmbH
Ferdinand-Jühlke-Straße 7
99095 Erfurt, Deutschland
produktsicherheit@kolibri360.de